Digitale Datenanalyse, Interne Revision und Wirtschaftsprüfung

Synergien nutzen – Prüfungen optimieren

Herausgegeben vom

Deggendorfer Forum zur
digitalen Datenanalyse e. V.

Mit Beiträgen von

Dr. Josef Bähr, Hubert Baumgartner,
Frank Gerber, Daniel Gläser,
Christian Hoferer, Thomas Keller,
Günter Müller, Klaus Singer,
Wolfgang Stegmann, Ernst-Rudolf Töller

ERICH SCHMIDT VERLAG

Bibliografische Information der Deutschen Nationalbibliothek
Die Deutsche Nationalbibliothek verzeichnet diese Publikation
in der Deutschen Nationalbibliografie;
detaillierte bibliografische Daten sind im Internet über
http://dnb.d-nb.de abrufbar.

Weitere Informationen zu diesem Titel finden Sie im Internet unter
ESV.info/978 3 503 11486 3

ISBN 978 3 503 11486 3

Dieses Papier erfüllt die Frankfurter Forderungen
der Deutschen Nationalbibliothek und der Gesellschaft
für das Buch bezüglich der Alterungsbeständigkeit und
entspricht sowohl den strengen Bestimmungen der US Norm
Ansi/Niso Z 39.48-1992 als auch der ISO-Norm 9706.

Druck und Bindung: Druckerei Strauss, Mörlenbach

Vorwort

Wirtschaftsprüfer und Interne Revisoren, wenn auch mit unterschiedlichem Auftrag, bearbeiten vergleichbare Fragestellungen. Die Berufsträger sind durch ihre jeweiligen Standards und Richtlinien nicht nur aufgefordert, sondern sogar verpflichtet, analytische Prüfungshandlungen durchzuführen. Zu diesem Zweck setzen beide Berufsgruppen Methoden der digitalen Datenanalyse ein. Für beide Gruppen gilt auch das Credo der wirtschaftlich effizienten und risikoorientierten Prüfung, so dass bei der Vielzahl der im Unternehmen vorhandenen Daten der Einsatz elektronischer Prüfverfahren ein Gebot der Stunde ist.

Wirtschaftsprüfer und Revisoren können daher von einem intensiven Erfahrungsaustausch profitieren. Auf der Suche nach gemeinsamen Schnittstellen nicht nur technischer Natur und den Möglichkeiten das gemeinsame Zusammenwirken sinnvoll und effektiv zu gestalten, bietet das vorliegende Buch viele Anregungen.

Erfahrungsberichte von Praktikern aus der Internen Revision, Wirtschaftsprüfern, Steuerberatern als auch Softwareentwicklern gepaart mit theoretischen Überlegungen beleuchten die Problematik der digitalen Datenanalyse berufsstandübergreifend von verschiedenen Seiten.

In den Beiträgen wird ein umfangreiches Spektrum an Problemstellungen und Lösungsansätzen betrachtet. Die Autoren legen hierbei ihren besonderen Augenmerk auf die Synergien bei analytischen Prüfungshandlungen in den Berufsständen.

Die Beiträge basieren auf den Vorträgen der Referenten des Deggendorfer Forums 2008. Das Deggendorfer Forum konnte wieder Fachleute aus Wirtschaft und Forschung gewinnen die sehr motiviert und engagiert ihre Erfahrungen und Projekte im Zusammenspiel von Wirtschaftsprüfung und Interner Revision vorgestellt haben.

Als Teilnehmer der Tagung können Sie sich noch einmal mit dem Motto der Veranstaltung auseinander setzen und als Nichtteilnehmer die verpassten Vorträge nachlesen.

Allen Referenten und Autoren sei an dieser Stelle noch einmal recht herzlich gedankt für ihr großartiges Engagement und die viele Mühe mit dem sie ihr Knowhow und ihre Erfahrungen in dieses Tagungsbandes eingebracht haben.

Bedanke möchte wir uns an dieser Stelle auch bei den Sponsoren, namentlich der DATEV e.G., ACL Services Ltd., BDO Deutsche Warentreuhand AG, Price Waterhouse Coopers und der dab: Daten – Analysen & Beratung GmbH ohne deren Unterstützung die Ausrichtung so einer Veranstaltung schlicht nicht möglich gewesen wäre.

Für die organisatorische Unterstützung der Veranstaltung gebührt auch in diesem Jahr Fr. Kössinger, Herrn Rade und dem Team der DATEV e.G. sowie Fr. Staudhammer und Hr. Stánek von der dab: GmbH ein herzliches Dankeschön. Für die Umsetzung der schriftlichen Beiträge in den vorliegenden Tagungsband möchte ich mich bei Hr. Sebastian Engler und seine Kollegen vom Erich Schmidt Verlag bedanken.

Für die künstlerische Gestaltung und Umsetzung der Filmbeiträge auf der beiliegenden DVD geht auch in diesem Jahr der Dank an das Team der Hochschule Deggendorf mit den Studenten Gerhard Nutz, Alexander Haberl und Robert Wildenauer unter Leitung von Prof. Ernst.

Zur Zeit der Erstellung dieses Vorwortes startet der Verein bereits die Planungen für die Tagung im Jahr 2009. Wir freuen uns auch in diesem Jahr auf interessante Beiträge und natürlich Teilnehmer die wir mit unterschiedlichen Aspekten der digitalen Datenanalyse konfrontieren wollen.

Georg Herde   Deggendorf, im Juli 2009

Inhaltsverzeichnis

Thomas Keller

Digitale Analyse von Finanzdaten 87

Ernst-Rudolf Töller / Frank Gerber

**Statistische Datenanalyse in der Jahresabschlussprüfung zur Nutzung
quantitativer Verfahren bei analytischen Prüfungshandlungen** 103

Christian Hoferer
Aufgaben der Abschlussprüfung bei unvollständigen Kontrollprozessen im Mittelstand

Die Rolle der digitalen Datenanalyse bei der Planung und Durchführung des Revisionsprogramms

Dr. Josef Bähr

Dipl.-Phys. Daniel Gläser, CIA, CISA
Revision IT/TK Deutsche Bahn AG

Deutsche Bahn AG
Caroline-Michaelis-Straße 5-11
10115 Berlin
www.bahn.de

Inhaltsverzeichnis

Kurztext

Die digitale Datenanalyse ist im Bereich der Internen Revision längst nicht mehr Werkzeug einzelner IT-Spezialisten, sondern gehört in den „Werkzeugkoffer" jedes Revisors, weil sie als zuverlässige Quelle zur ad hoc Informationsgewinnung eingesetzt werden kann. Darüber hinaus wird sie bei der Planung des Revisionsprogramms benötigt, um die risikoorientierte Auswahl der zu bearbeitenden Revisionsthemen quantitativ abzusichern. Der Beitrag beschreibt den aktuellen Stand des Einsatzspektrums bei der Deutschen Bahn AG, einem führenden Mobilitäts- und Logistikunternehmen

Schlüsselwörter

Revisionsplanung, Revisionsdurchführung, Risikoorientierte Prüfungsplanung

1 Bedeutung der digitalen Datenanalyse

1.1 Erster (belegbarer) Einsatz der digitalen Datenanalyse

Am 22. Februar 2009 wurde der Academy Award of Merit (Filmpreis „Oscar") verliehen und die deutsche Filmindustrie fieberte mit: Uli Edels „Baader-Meinhof-Komplex" wurde als deutscher Beitrag für die Kategorie „Bester fremdsprachiger Film" eingereicht und hat es am 14. Januar 2009 sogar auf die sogenannte Short-List geschafft, aus der die Jury dann in Folge die fünf tatsächlich für den Auslands-Oscar nominierten Streifen auswählte. [NDR Online].

Bruno Ganz verkörpert in diesem Streifen Horst Herold, der von 1971 bis 1981 Präsident des Bundeskriminalamts war und sich in dieser Zeit als Pionier der computerunterstützten Polizeifahndung, insbesondere der negativen Rasterfahndung, in der Terrorbekämpfung hervor tat.

Er legte damit die Grundlagen dessen, was wir heute als digitale Datenanalyse im weitesten Sinne beschreiben, auch wenn natürlich Revision und polizeiliche Ermittlungsarbeit zwei sehr unterschiedliche Professionen darstellen. Horst Herold feierte durch intelligenten, rechnergestützten Datenabgleich immense Erfolge, musste aber auch und das mag uns noch heute als warnendes Beispiel gelten eine große Niederlage erleben: Daten, die seinerzeit den Aufenthaltsort der RAF-Terroristen und ihrer Geisel Hanns-Martin Schleyer aufgedeckt hätten, wurden schlicht nicht in das Datenbanksystem eingepflegt, in dem jeder Nagel und jede gefundene Zahnbürste gespeichert war [Heise online].

1.2 Aktuelle Bedeutung der digitalen Datenanalyse

Die Bedeutung der digitalen Datenanalyse liegt heute vor allem in der Prüfungsunterstützung der internen Revisoren, der Wirtschaftsprüfer und der Steuerberater sowie in der Datenverifikation im Controlling [DFDDA].

Daraus leitete sich natürlich auch eine nicht zu unterschätzende Steigerung der Berufschancen jener Hochschulabsolventen ab, die bereits in ihrem Studium Techniken, Methoden und Werkzeuge der digitalen Datenanalyse kennen und einsetzen gelernt haben. Wesentliche inhaltliche Aspekte sind in der Praxis:

– die aktuellen Entwicklungen in der Finanzverwaltung, die mit den Grundsätzen zum Datenzugriff und zur Prüfbarkeit digitaler Unterlagen (GDPdU) einhergehen,
– die sich bietenden Möglichkeiten für eine systematische Analyse von Fraud-Szenarien in der Prävention und Aufdeckung,
– die Risikominderung in der bilanziellen Bewertung und im Bestandscontrolling,

13

– die Unterstützung von Vollprüfungen aber auch von Stichprobenverfahren (z. B. monetary unit sampling)
– und die bereits heute in ersten Anwendungsbereichen sichtbaren Möglichkeiten der permanenten Prüfung und Überwachung (Continuous Monitoring).

Im Prüfungsalltag liegt die Bedeutung zweifelsohne in der ad hoc Informationsgewinnung und in den Möglichkeiten zur Automatisierung von Auswertungen und Kontrollprozessen. (Vgl. hierzu auch die einschlägigen Praktischen Ratschläge in den „Grundlagen der Internen Revision" des DIIR [DIIR-1].)

Darüber hinaus zwingen die Zunahme der Komplexität der Geschäftsvorfälle, die starke Zunahme der zu verarbeitenden Datenmengen, die Verringerung der Anzahl des zur Verfügung stehenden Prüfungspersonals, die häufige und gravierende Änderung von Rahmenbedingungen sowie die Zunahme der zu beachtenden Einflussfaktoren förmlich zum Einsatz digitalanalytischer Methoden.

1.3 Beispielhafte „Erfolgsszenarien"

Einen breit gefächerten Überblick über die Möglichkeiten der digitalen Datenanalyse bieten die im Internet verfügbaren „ACL Customes Success Stories" [ACL].

Bei der **Hospital Corporation of America** wurde mit der digitalen Datenanalyse beispielsweise ein kontinuierlicher Überwachungsplan zur Identifikation von Doppelzahlungen, Gehaltsabrechnungsfehlern und falschen Lieferantenrechnungen aufgelegt. Ständig gesucht werden Sachverhalte wie:

– ungültige Sozialversicherungsnummern,
– widersprüchliche Geburtsdaten,
– Einkommensunregelmäßigkeiten
– und falsche Stundenerfassungszettel.

Darüber hinaus erfolgt eine Prüfung der Datenbanken von Lieferanten, um z. B. Abrechnung von Leistungen während des Garantiezeitraums auszuschließen und eine Überwachung der Bilanz/GuV auf ungewöhnliche Veränderungen und Salden.

Im **Österreichischen Finanzministerium** werden durch den systematischen Abgleich von Lieferanten- und Kundenbüchern (z. B. Brauereien und Gaststätten) Steuerdaten abgeglichen, die in unterschiedlichen Formaten eingereicht wurden.

Nach Angaben des Leiters der Abteilung Data Analysis der Siemens Corporate Finance Pvt. Ltd., wurden durch den Einsatz digitaler Datenanalyse 70 % des

Aufwands (Zeit und Kosten) für die Analysetätigkeit eingespart, die in entsprechend erhöhte Analyseproduktivität investiert wurden.

In dem im folgenden Kapitel dargebotenen Überblick über das Unternehmen **Deutsche Bahn AG** und seine Unternehmenseinheiten wird jenseits der reinen finanziellen Eckdaten (Abb. 1)verdeutlicht, welche Mengengerüste für die vielfältigen sich anbietenden digitalen Datenanalysen berücksichtigt werden müssen.

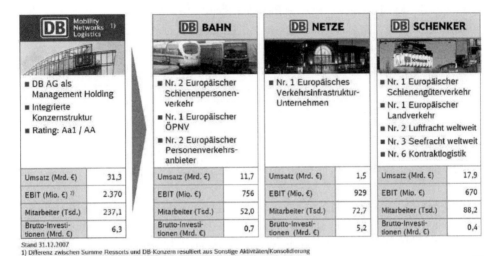

Abb. 1: Finanzielle Kennzahlen der Deutsche Bahn AG und ihrer Unternehmenseinheiten

Ein abschließendes Kapitel widmet sich dann den derzeit in Prüfungsplanung und -durchführung eingesetzten konkreten Analysemethoden und schließt mit einem Ausblick auf die geplante weitere Entwicklung ab.

2 Die Deutsche Bahn AG und ihre Revision

2.1 Kurzportrait des Unternehmens

Mit einer sechs Kilometer langen Strecke zwischen Nürnberg und Fürth wurde 1835 das Eisenbahnzeitalter in Deutschland eröffnet. Aus einer Strecke, die mit einer Dampflokomotive dem legendären Adler und drei Personenwagen betrieben wurde, ist ein Streckennetz von rund 34.000 km Gleis geworden, auf dem rund 185.000 Fahrzeuge fahren (Tab. 1 und Tab. 2).

Rollendes Material	
Lokomotiven	4.694
ICE-Flotte	252
Triebwagen	9.175
Reisezugwagen	8.362
Sitzplätze	1.313.134
Güterwagen	164.500

Tab. 1: Rollendes Material der Deutsche Bahn AG, Stand: 31.12.2007

Infrastruktur	
Streckennetz (in km)	33.897
Bahnhöfe	5.718
Stellwerke	4.585
Weichen/Kreuzungen	71.144
Brücken	27.165
Tunnel	778

Tab. 2: Infrastruktur der Deutsche Bahn AG, Stand: 31.12.2007

Inzwischen ist die DB ein Unternehmen, das sich von der einst wirtschaftlich ange-schlagenen Behördenbahn seit der Bahnreform 1994 konsequent zu einem moder-nen Wirtschaftsunternehmen gewandelt hat. Mittlerweile gehört sie zu den führen-den Mobilitäts- und Logistikunternehmen der Welt. Dieses Unternehmen hat früh darauf gesetzt, alle Verkehrsträger unter einem Dach zu vereinen. Damit ist es mög-lich, jeden dort einzusetzen, wo er ökonomisch wie ökologisch am sinnvollsten ge-nutzt werden sollte.

Der integrierte Konzern setzt auf Vernetzung statt auf ein Gegeneinander der Ver-kehrsträger, was mittlerweile auch offizielle deutsche und europäische Verkehrspo-litik ist. Die Positionen am Markt bestätigen den Erfolgskurs, den die DB einge-schlagen hat: Sie ist unter anderem die Nummer 1 im Schienengüterverkehr in Eu-ropa sowie im europäischen Landverkehr, die Nummer 2 bei der Luftfracht weltweit, die Nummer 3 bei der Seefracht weltweit.

Auf die vier Megatrends, die die Zukunft der Verkehrsbranche künftig noch weit stärker beeinflussen werden als bisher, nämlich Globalisierung, Klimawandel/ Res-sourcenverknappung, demografischer Wandel und Deregulierung, hat sich die DB rechtzeitig eingestellt. Ohne komplexe und intelligente Verkehrsnetzwerke, wie die DB sie entwickelt und betreibt, lässt sich weder national noch international Mobili-tät von morgen sichern oder gar die ehrgeizigen, selbst gesteckten Klimaschutzziele erreichen. Als integrierter Konzern ist die DB verkehrsträgerübergreifend und weltweit in einem Markt tätig, dessen Zukunft gerade erst begonnen hat. [DB AG]

2.2   Kennzahlen DB Bahn

Jahr für Jahr sind rund 1,8 Milliarden Menschen in Deutschland in Zügen der DB unterwegs, steigen über 700 Millionen Reisende in die Busse des Unternehmens. Es sind nicht nur die knapper werdenden Rohstoffe, die für dieses umweltfreundliche Mobilitätsangebot sprechen. Sondern auch Komfort, Service und attraktive Angebote bewegen immer mehr Menschen dazu, die Mobilitätskette der DB zu nutzen – angefangen bei der Reiseauskunft im Internet (ca. 5,5 Millionen Besucher auf www.bahn.de pro Monat) über Bus und Bahn (1.835 Millionen Reisende pro Jahr) bis zum Auto per Carsharing (ca. 70.000 Kunden) oder dem Mietfahrrad (ca. 500.000 Mietfahrten mit Call a Bike pro Jahr) am Zielort.

DB Bahn schickte im Jahr 2007 jeden Tag mehr als 27.000 Personenzüge durch Deutschland: den ICE von Köln nach Stuttgart genauso wie den Regional-Express von Frankfurt/Oder nach Berlin oder die S-Bahn von Buxtehude nach Hamburg. Hinzu kommen ca. 12.000 Güterzüge pro Tag.

Die rund 52.000 Mitarbeiter im Personenverkehr, zu dem die Geschäftsfelder DB Bahn Fern-, Regional- und Stadtverkehr sowie der Vertrieb gehören, stellten 2007 die Beförderung von über 1,8 Milliarden Reisenden auf der Schiene und mehr als 700 Millionen Reisenden mit dem Bus sicher. Damit hat die Bahn einen Anteil von etwa 10 Prozent am gesamten Personenverkehr in Deutschland.

2.3   Kennzahlen DB Schenker

Mit DB Schenker bietet die DB Transport- und Logistikdienstleistungen weltweit. Und dies in der jeweils sinnvollsten Kombination der Verkehrsträger zu Lande, im Wasser und in der Luft. Mit lückenlosen Logistikketten von Tür zu Tür sowie intelligenten Services vor und nach dem Transport unterstützt die DB ihre Kunden an rund 130 Standorten rund um den Globus und rangiert weit vorne unter den Champions der Logistik. Damit das so bleibt, setzt der Konzern weiter auf internationales Wachstum. Nur so lässt sich das europäische wie globale Transportnetz noch enger flechten und unter ökologischen Gesichtspunkten gestalten.

Mit einem Umsatz von rund 18,1 Milliarden Euro im Jahr 2007 trägt DB Schenker inzwischen beinahe 60 Prozent zum Gesamtumsatz des DB-Konzerns bei. Mit seinem weltweiten Netzwerk verbindet DB Schenker alle Kontinente und ist damit in nahezu allen Wirtschaftsregionen der Welt präsent. Rund 88.000 Mitarbeiter sind an etwa 2.000 Standorten in rund 130 Ländern im Einsatz für Kunden aus Branchen wie Montan und Chemie, Automobil-, Hightech- oder Konsumgüter. Auf Basis dieses Netzwerks bietet DB Schenker sowohl weltweite Transportlösungen von Tür zu Tür als auch Versorgungsketten rund um die Produktionsprozesse der Unternehmen an.

2.4 Kennzahlen DB Dienstleistungen

Um komplexe Verkehrsnetzwerke professionell zu managen, bedarf es zahlreicher Dienstleistungen und Services. Für den Kunden häufig nicht sichtbar, setzen sich rund 25.000 Mitarbeiter täglich dafür ein, dass alles rund läuft und die Qualität stimmt. Um für ihre Kunden ein leistungsstarker und zuverlässiger Partner sein zu können, hat die DB sämtliche unterstützende Services in DB Dienstleistungen gebündelt (Tab. 3).

Die sechs Geschäftsfelder der DB Dienstleistungen
– DB Systel
– DB Services
– DB Sicherheit
– DB Fuhrpark
– DB Fahrzeuginstandhaltung
– DB Kommunikationstechnik

Tab. 3: Die sechs Geschäftsfelder der DB Dienstleistungen

2.4.1 DB Systel

DB Systel ist der Informations- und Telekommunikationsdienstleister (ITK) der DB. DB Systel GmbH ist im Jahr 2007 aus dem Zusammenschluss der DB Systems GmbH und der DB Telematik GmbH hervorgegangen und mit rund 4.600 Mitarbeitern einer der größten konzerneigenen ITK-Dienstleister Europas. Er betreut für die DB mehr als 530 IT-Anwendungen rund um die Uhr, darunter das Bürokommunikationssystem mit rund 63.000 Nutzern oder das Vertriebssystem des Personenverkehrs.

2.4.2 DB Services

DB Services ist mit bundesweit rund 12.000 Mitarbeitern in sechs regionalen DB Services Gesellschaften der personalintensivste Bereich. Hier sind sämtliche Dienstleistungen rund um das Facility Management gebündelt. Rund 30 Millionen Quadratmeter Fläche werden bewirtschaftet, etwa die Gewerbe-, Verwaltungs-, Verkehrs- und Industrieimmobilien der DB. Die Leistungen sind in zwei Schwerpunkte unterteilt: Das „Infrastrukturelle Facility Management" umfasst Reinigungsdienste in und an Gebäuden, Winterdienst, Grünpflege sowie das Objektmanagement mit Konferenz-, Veranstaltungs- und Postdiensten. Der zweite Schwerpunkt liegt im „Technischen Facility Management", wo es unter anderem um Heizungs-, Klima- und Lüftungstechnik, Elektro- und Fördertechnik geht.

2.4.3 DB Sicherheit

Die Bahn ist nicht nur eines der sichersten Verkehrsmittel – auch in den Bahnhöfen und Zügen will sie für ihre Kunden und Besucher ein Höchstmaß an Sicherheit gewährleisten. Alle diesbezüglichen Maßnahmen sind zentral bei der Konzernsicherheit und der DB Sicherheit als operativer Komponente gebündelt. Das Sicherheitskonzept des DB-Konzerns stützt sich auf drei Säulen. Die erste besteht aus dem erfahrenen und speziell geschulten Sicherheitspersonal; seine Präsenz hilft oft dabei, Konflikte schon im Vorfeld zu vermeiden. 2006 wurden hier erstmals Azubis im Berufsbild „Fachkraft für Schutz und Sicherheit" ausgebildet, und mittlerweile ist die DB der größte Ausbilder in Deutschland auf diesem Fachgebiet. Die technischen Hilfsmittel sind die zweite Säule: Hierzu zählt beispielsweise die Überwachung der Videoanlagen auf den Bahnhöfen mit großen Publikumsströmen. Die dritte Säule bildet die enge Zusammenarbeit mit der Bundespolizei im Rahmen der Ordnungspartnerschaft. So gibt es in den Bahnhöfen und Zügen gemeinsame Streifen. Zudem werden Mitarbeiter des Sicherheits- und Ordnungsdienstes über die Regionalen wie die Ländereinsatzleitungen lageabhängig und unabhängig vom Geschäftsfeld gesteuert.

2.4.4 DB Fuhrpark

DB Fuhrpark wird seit 1996 von der DB FuhrparkService betreut. Die Angebotspalette umfasst sowohl den Fahrzeugeinkauf als auch das komplette Flotten- und Fuhrparkmanagement bis hin zum Verkauf gebrauchter Dienstwagen. Dieses Fachwissen steht seit 2001 auch externen Kunden zur Verfügung. Für Firmenkunden bietet DB Rent ein Fuhrparkmanagement mit Rundum-Service an: angefangen bei der Beratung über Beschaffung bis zur Wartung sowie Abwicklung der Fixkosten. Dazu kommen Leasing und Langzeitmieten. Innovative Angebote entlang der Reisekette wie Call a Bike oder Carsharing sind ebenfalls hier angesiedelt. Die DB Fuhrpark-Gruppe hat sich mit diesen Leistungen als einer der führenden Mobilitätsmanager in Deutschland etabliert.

2.4.5 DB Fahrzeuginstandhaltung

Fahrzeuginstandhaltung auf hohem technischem Niveau ist Voraussetzung für ein funktionierendes System Bahn. Die etwa 6.700 Spezialisten der DB Fahrzeuginstandhaltung sorgen in bundesweit 15 Werken für Revisionen, Modernisierung und Umbauten von Schienenfahrzeugen. Zum Leistungsangebot gehören darüber hinaus Komponentenaufarbeitung sowie Instandhaltung und Instandsetzung von Schäden an Lokomotiven, Reisezug- und Güterwagen. Die Modernisierung von 59 Zügen der ICE-1-Flotte ist ein eindrucksvolles Beispiel für die Leistungsfähigkeit der Instandhaltungswerke und zugleich eine kostengünstige, ressourcensparende Alternative zu einer Neubeschaffung.

2.4.6 DB Kommunikationstechnik

DB Kommunikationstechnik betreut Fahrgastinformationssysteme, Automatentechnik und Gefahrenmeldeanlagen. Die DB Kommunikationstechnik GmbH ist der flächendeckende Dienstleister der DB für kommunikationstechnische Systeme. Dazu gehören die Planung, Installation und Instandhaltung sowie die Wartung von Sicherheitstechnik, Transaktionsautomaten, Public Information Systems und Informationstechnologie. So betreut DB Kommunikationstechnik 2.500 Gefahrenmeldeanlagen, 1.000 Notruf- und Informationssäulen sowie 2.500 Videokameras. In der rund um die Uhr besetzten Notruf- und Service-Leitstelle der DB Kommunikationstechnik werden alle Serviceanfragen dokumentiert, koordiniert und überwacht. Das System erlaubt eine Aufschaltung verschiedenster analoger und digitaler Alarm-, Notruf- und Betriebsüberwachungssysteme. Beispiele dafür sind Einbruch- und Brandmeldeanlagen, Videoüberwachungs- und Beschallungsanlagen. Außerdem gewährleistet DB Kommunikationstechnik die optimale Verfügbarkeit zum Beispiel von 5.500 Zugzielanzeigern, über 11.000 Ticketautomaten und 15.000 Uhren an 5.400 Bahnhöfen. Ein weiterer Bereich umfasst Druck- und Mediendienstleistungen. Das Leistungsangebot reicht von der Kopie, Reprografie, Satz- und Layouterstellung über die Bildbearbeitung und den Druck bis hin zur Archivierung.

2.5   Kennzahlen DB Netze

Ohne Infrastruktur keine Eisenbahn: Ein gut ausgebautes Schienennetz, moderne Bahnhöfe und eine zuverlässige Energieversorgung sind die Grundlage des attraktiven Angebots der DB im Personen- und im Güterverkehr. Darum kümmert sich DB Netze als Teil des integrierten DB-Konzerns.

Es gilt, eines der größten Schienennetze Europas fit zu halten und bedarfsgerecht auszubauen. Unterhalt und Weiterentwicklung dieser Infrastruktur mit einer Betriebslänge von rund 34.000 Kilometern, mehr als 4.500 Stellwerken, über 71.000 Weichen, mehr als 27.000 Brücken und rund 800 Tunneln ist eine der zentralen Aufgaben von DB Netze. Hier wird das umfangreiche Bau- und Investitionsprogramm für die Schieneninfrastruktur geplant und umgesetzt. Allein im Jahr 2008 wurde jeden Tag auf rund 600 Baustellen gearbeitet, wobei insgesamt 1.600 Weichen und 2,4 Millionen Tonnen Schotter ausgetauscht wurden (Stand: August 2008).

2.6   Die Konzernrevision der Deutsche Bahn AG

Die Konzernrevision ist mit insgesamt 120 Revisorinnen und Revisoren direkt beim Vorstandsvorsitzenden angebunden und hat Ihren Hauptsitz in Berlin. Sie stellt die Beratung und Unterstützung des Vorstandsvorsitzenden sowie des Konzernvorstandes bei der Beurteilung der strategischen Management-Prozesse sicher und überwacht die wirtschaftliche Leistungsfähigkeit und Vermögenssicherung sowie die Einhaltung der Corporate Governance im Konzern. Pro Jahr werden etwa 500 Revisionen durchgeführt.

Die Konzernrevision ist eine funktional aufgestellte Gruppenfunktion (Abb. 2) mit den Revisionsgebieten Personal, kaufmännische Revision, Produktion, Infrastruktur und IT/TK-Revision. Für die eisenbahnspezifischen Aktivitäten sind vier Regional-büros in Hannover, Berlin, Frankfurt am Main und Stuttgart zuständig. Regionale Schwerpunkte der globalen Revisionsaktivitäten sind USA, Singapur und England mit jeweils eigenen Revisionsbüros.

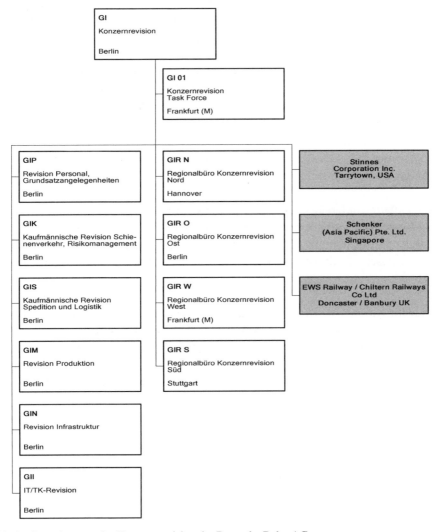

Abb. 2: Organigramm der Konzernrevision der Deutsche Bahn AG

21

3 Digitale Datenanalyse bei Planung und Durchführung des Revisionsprogramms

3.1 Ausgangspunkt Geschäftsprozessanalyse

Eine Voraussetzung für die weitere positive Entwicklung der DB stellt das im Unternehmen etablierte Integrierte Managementsystem (IMS) dar. Es gewährleistet die Beherrschung und ständige Verbesserung der Geschäftsprozesse und die Verfügbarkeit von Fahrzeugen und Infrastruktur. Damit soll den externen und internen Kunden eine zufriedenstellende Pünktlichkeit, vorbildlicher Service, hohe Sicherheit und umfassender Schutz unserer Umwelt garantiert werden.

Neben den IMS der Geschäftsfelder sind die Bausteine des Integrierten Managementsystems der DB weitere in der Konzernleitung angesiedelte übergreifende Systembestandteile, die IMS-Steuerungsfunktionen für die DB bereitstellen:

- die Systemführung IMS für die Entwicklung von Standards, Methoden, gesamthaften Strategien und Zielen für IMS-Themen, Prozessmanagement und das Verbesserungsprogramm zur Optimierung von Prozessen,
- das IMS-Monitoring für die Überwachung von Prozessen und Leistungen mittels Kennzahlen und
- spezifische IMS-Audits für die Auditierung von Systemen, Prozessen und Produkten.

Dokumentierte und beherrschte Prozessabläufe, die in Management-, Leistungs- und Unterstützungsprozesse gegliedert sind, sind daher die Grundlage für die Tätigkeit der Geschäftsfelder und Ausgangspunkt für eine risikoorientierte Geschäftsprozessanalyse, die die Konzernrevision jährlich durchführt, um Schwachstellen und Handlungsfelder zu identifizieren.

Die Identifikation von Risikobereichen erfolgt dabei durch quantifizierte Bewertung revisionsgebietsspezifischer Prüfungslandkarten, die teilweise im Rahmen von Arbeitskreisen des Deutschen Instituts für Interne Revision entwickelt und auf das Unternehmen angepasst wurden [Brand-Noé].

Die unter Einsatz der digitalen Datenanalyse gewonnen Erkenntnisse zu den Geschäftsprozessen ist der Ausgangspunkt des Revisionsprozesses und Beginn der Programmplanung (Abb. 3).

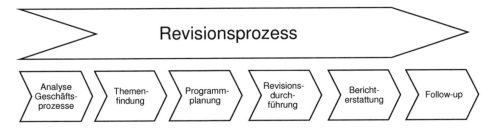

Abb. 3: Revisionsprozess der DB mit Teilprozessen

Weitere Quellen für die Identifikation potenzielle Revisionsobjekte sind neben der Geschäftsprozessanalyse Themenmeldungen der Vorstände und der Wirtschaftsprüfer, Auswertung der Risikomanagementberichte, Ergebnisse aus Pflichtprüfungen sowie Erkenntnisse aus der kontinuierlichen Überwachung der Funktionsfähigkeit des Internen Kontrollsystems.

3.2   Portfolioanalyse und Risikoreihung

Die im Rahmen des Teilprozesses Themenfindung identifizierten Schwachstellen werden grundsätzlich nach einem einheitlichen Raster bewertet. Für die einzelnen Revisionsarten (Ordnungsmäßigkeits-, System- oder Geschäftsabwicklungsprüfungen) sind hierfür spezifische Fragebögen in einer IT-Anwendung hinterlegt, auf deren Basis die Eintrittswahrscheinlichkeit (Risikorelevanz) ermittelt wird.

Je nach Ausrichtung der geplanten Prüfung (monetäre Verbesserung oder Qualitätsverbesserung) erfolgt eine Zuordnung in eine dreistufige Skala der jeweiligen Merkmalsausprägung. Diese ist bei beabsichtigter monetärer Verbesserung nach Größe der Grundgesamtheit gestaffelt, bei beabsichtigter Qualitätsverbesserung nach aktuellem Qualitätsstatus. Die Daten zur Grundgesamtheit und zum Qualitätsstatus müssen belegt werden

- aus den Geschäftszahlen des DB- Konzerns,
- aus dem Konzernqualitätsbericht oder
- aus anderen Quellen.

Das aus der zeitgleichen Betrachtung von Risikorelevanz und Merkmalsausprägung gebildete Portfolio der bewerteten Schwachstellen bildet die Grundlage für die Reihenfolge, in der den geplanten Prüfungen Personalressourcen zugeordnet werden (Abb. 4).

23

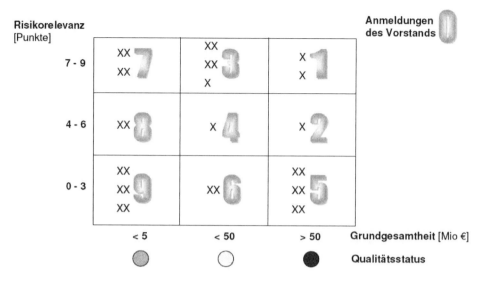

Abb. 4: Festlegung der konkreten Prüfthemen auf Basis einer Portfolioanalyse

Die Reihung der Schwachstellen ergibt sich aus sinkender Risikoaffinität der jeweiligen Merkmalsausprägung der Ausrichtung und sinkender Risikorelevanz (Punktzahl aus den spezifischen Fragebögen). Von den Vorständen benannte Schwachstellen werden obligatorisch an den Beginn der Reihung gesetzt (Abb. 5).

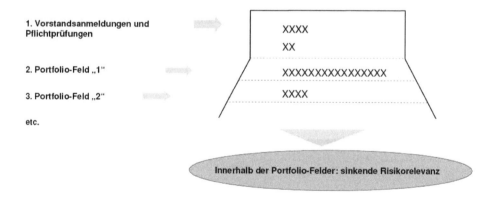

Abb. 5: Ressourcenzuordnung gemäß der sich ergebenden Risikoreihung

3.3 Standardmethoden der digitalen Datenanalyse zur erfolgreichen Durchführung des Revisionsprogramms

Bei der Konzernrevision der DB werden folgende Standardmethoden der digitalen Datenanalyse regelmäßig eingesetzt. Für eine praxisorientierte Beschreibung der konkreten Anwendung entsprechender Softwaretools wie ACL oder IDEA verweisen wir auf die einschlägige Literatur wie z. B. [Odenthal], [Klindtworth] oder [Schuppenhauer].

3.3.1 Sortierung

Die manuelle Sortierung nach verschiedenen Merkmalen ist bei papiergebundenen Dokumenten aber auch bei elektronisch vorliegenden Daten i. d. R. extrem unwirtschaftlich. Standardprogramme wie Excel stoßen hierbei schnell an ihre Grenzen, wenn die Merkmale nicht direkt in den Datensätzen vorhanden sind, sondern z. B. durch Ausdrücke generiert werden müssen, oder in unterschiedlichen Formaten vorliegen.

3.3.2 Datenintegration

Eine besondere Stärke der o. g. Softwaretools ist neben der Verarbeitbarkeit praktisch unbegrenzter Datenvolumina die Möglichkeit der komfortablen Integration von Datenquellen, die in unterschiedlichen Formaten vorliegen, oder wenn beispielsweise nur jahresweise vorliegende Einzeldateien existieren. Aus dem integrierten Datenbestand können dann interessante Datenpositionen mit Kreuztabellen mehrdimensional wahlfrei subsumiert oder aufgegliedert werden.

3.3.3 Selektion

Bei unklaren Merkmalsausprägungen kommt der Suche nach bedeutsamen Merkmalen im Sinne einer explorativen Datenanalyse besondere Bedeutung bei. Häufig genutzte Selektionsfunktionen sind dabei die Auswahl bearbeitungsrelevanter Vorgänge sowie umfangreiche Plausibilitätsprüfungen.

3.3.4 Schichtung

Sowohl für statistische Analysen als auch für die aus Übersichtlichkeitsgründen erforderliche Zusammenfassung nach bestimmten Kriterien ist die Schichtung des Datenbestands oftmals sinnvoll. Beispiele sind das Bilden von Intervallen für numerische Felder oder Ausdrücke oder die Darstellung der Häufigkeit bestimmter Merkmalsausprägungen.

3.3.5 Duplikatserkennung

Das Erkennen von Datensätzen, deren mehrfaches Vorkommen auf Unkorrektheiten hindeutet, ist z. B. bei der Auswertung von Buchungsjournalen, Rechnungsausgängen, Personaldaten und Material- oder Lieferantendaten essentiell und stellt eine der am häufigsten genutzte Auswertung dar.

3.3.6 Lückenanalysen

In der prüferischen Praxis ist es häufig erforderlich sich zu vergewissern, dass Zahlenreihen, die normalerweise keine Lücken aufweisen dürfen, tatsächlich integer sind. Auf diese Art und Weise lassen sich schnell und effizient fehlende Belegnummern identifizieren, aber auch Ausgangsrechnungen, Schecks, nicht dokumentierte Bestellungen, Einnahmen, etc..

3.4 Ansätze für digitale Datenanalysen, die auch zur Detektion doloser Handlungen dienen können

Gemäß den Berufsstandards der Internen Revision hat die interne Revision neben „allgemeinen" Prüfungs- und Beratungsaufgaben auch eine Verantwortung in Bezug auf Bewertung, Vorbeugung und Aufdeckung doloser Handlungen [DIIR-2].

Es wird zwar nicht erwartet, dass die Revisoren über den gleichen Umfang an Sachkenntnis und Erfahrung verfügen wie Experten für die Aufdeckung und Untersuchung doloser Handlungen, aber zumindest das Erkennen einschlägiger Tatbestände gehört zum grundlegenden Wissenskanon. Zwei Ansätze werden diesbezüglich bei der Revision der DB verfolgt: Nutzung von Kreditorendaten definierter Datenqualität sowie der Einsatz von „Lehrbuchmethoden".

3.4.1 Nutzung von Kreditorendaten definierter Datenqualität

Im Rahmen der üblichen IKS-Kontrollen sind insbesondere die in der Kreditorenbuchhaltung anfallenden Daten immer wieder Gegenstand von Prüfungen. Nach den Erfahrungen der DB AG führen die im Rahmen derartiger Prüfungen aufgezeigten Schwachstellen bei nachhaltiger Behebung zu einer dauerhaften Verbesserung der Datenqualität. Dies bietet die Möglichkeit, bei entsprechenden Analysen Schlüsse auf möglicherweise existierende dolose Sachverhalten zu ziehen. Klassische Prüfungen sind:

– Analyse der Kontoverbindungen der Kreditoren (identische Konten, unterschiedliche Kreditoren)
– Feststellung von Kreditorenkonten ohne Adresse und/oder Telefonnummer (Unplausible Stammdatenqualität)

3.4.2   Einsatz von „Lehrbuchmethoden"

Bei der Suche nach „Lehrbuchmethoden" stellen die Hersteller einschlägiger Softwaretools dem Einsteiger in die digitale Datenanalyse oftmals praktisch außerordentlich gut nutzbare Hilfestellungen zur Verfügung. In dem der Software ACL beiliegenden Handbuch finden sich beispielsweise ausführliche Beschreibungen folgender Analysen:

- Suche nach Rechnungen mit hohen Beträgen, für die keine Bestellung vorliegt
- Rechnungs-Splitting: Kreditoreneinzelposten -> mehrere Rechnungen an einem Tag
- Überprüfung der Einkäufe nach dem SAP-User, der die Bestellung einstellt, für jeden Lieferanten (Wer bestellt, obwohl er kein Einkäufer ist?)
- Ermitteln negativer Mengen bei Wareneingang (in Abhängigkeit von der Bewegungsart)
- Vergleich von Auftragsvergaben nach Anbieter (Anzahl der erhaltenen Aufträge vergleichen mit eingereichten Angeboten)
- Überprüfung auf Angebote, die nach dem Schlusstermin für den Angebotseingang eingereicht wurden
- Überprüfen, ob bei Auftragsvergaben die Verträge mit den höchsten Beträgen immer an denselben Lieferanten gehen (Ermitteln des durchschnittlichen vergebenen Auftragswertes nach Lieferant bei zu spezifizierenden Warengruppen o. ä.)

3.5   Ausblick

Das Einsatzspektrum der digitalen Datenanalyse soll bei der Konzernrevision der DB sukzessive gesteigert und ausgebaut werden. Zwei Themengebiete werden diesbezüglich derzeit intensiv bearbeitet:

- der Einsatz von Ziffernanalysen zur Plausibilitätsprüfung natürlicher Datenbestände (Benford-Analyse in Verbindung mit dem Chi-Quadrat-Test)
- sowie die Etablierung standardisierter Downloads großer Datenmengen aus SAP R/3 um standardisierte Prüfschritte zu entwickeln und zur Anwendung zu bringen. Hierbei halten wir die im STAAN-Projekt [Boenner] eingeschlagene Richtung für wegweisend.

4   Fazit

Die digitale Datenanalyse ist im Bereich der Internen Revision längst nicht mehr Werkzeug einzelner IT-Spezialisten, sondern gehört in den „Werkzeugkoffer" jedes Revisors, weil sie als zuverlässige Quelle zur ad hoc Informationsgewinnung eingesetzt werden kann. Darüber hinaus wird sie bei der Planung des Revisionsprogramms benötigt, um die risikoorientierte Auswahl der zu bearbeitenden Revisionsthemen quantitativ abzusichern. Das Einsatzspektrum der digitalen Datenanalyse soll – best practice Ansätzen folgend – in den Bereich des Continuous Monitoring erweitert werden.

Literaturverzeichnis

ACL: http://www.acl.com/customers/success_stories.aspx, Zugriff am 17.10.2008

Boenner, Arno; Herde, Georg; Riedl, Martin: STAAN: Standard Audit Analysis, Teil I bis III, ZIR Zeitschrift Interne Revision, Erich Schmidt Verlag, Berlin, Ausgaben 06/2006, 03/2007 und 05/2007

Brand-Noé, Christine: Revision des Personalbereichs, Prüfungsplanung und -durchführung mit der „Prüfungslandkarte Personal", Erich Schmidt Verlag, Berlin 2008

DB AG: Broschüre „Zukunft bewegen der DB-Konzern 2008". Stand: August 2008.

DFDDA: §2 Abs. 3 der Satzung des Deggendorfer Forums für digitale Datenanalyse e. V., Stand 13.11.2007

DIIR-1: Praktische Ratschläge 1220-2 (Computergestützte Prüfungstechniken (CAATs)), 2100-9 (Prüfung von Anwendungssystemen), 2100-10 (Erheben von Prüfstichproben) und 2320-1 (Analyse und Bewertung); CD-ROM „Grundlagen der Internen Revision" (IIA-Standards und Practice Advisories in Deutsch und Englisch; IIR-Revisionsstandards 1 bis 3), herausgegeben vom Deutschen Institut für Interne Revision e. V., Frankfurt am Main 2007

DIIR-2: Standard 1210.A2 (Fachkompetenz in Bezug auf die Erkennung doloser Handlungen) in Verbindung mit den Praktischen Ratschlägen 1210.A2-1 (Verantwortung des Internen Revisors in Bezug auf Bewertung, Vorbeugung und Aufdeckung doloser Handlungen) und 1210.A2-2 (Verantwortung des Internen Revisors in Bezug auf Untersuchung, Berichten, Verfolgen und Kommunizieren doloser Handlungen); CD-ROM wie unter [DIIR-1] beschrieben.

DIIR-3: Praktische Ratschläge 2100-8 (Rolle des Internen Revisors bei der Beurteilung des Konzeptes zum Schutz der Privatsphäre der Organisation) und 2300-1 (Nutzung personenbezogener Informationen durch den Internen Revisor im Rahmen von Prüfungen); CD-ROM wie unter [DIIR-1] beschrieben.

Heise online: http://www.heise.de/newsticker/Kommissar-Computer-Horst-Herold-zum-85-Geburtstag--/meldung/117664, Zugriff am 21.10.2008

Klindworth, Holger: Handbuch der Datenprüfung, Methoden und Verfahren der Datenanalyse und ihre Anwendung, Ottokar Schreiber Verlag, Hamburg 2006

NDR Online: http://www1.ndr.de/kultur/film/ndr_produktionen/oscar104.html; Zugriff am 14.01.2009

Odenthal, Roger: Prüfsoftware im Einsatz, Handbuch für die praktische Analyse von Unternehmensdaten, DATEV eG, Nürnberg 2006

Schuppenhauer, Rainer: GoDV Handbuch, Grundsätze ordnungsmäßiger Datenverarbeitung und DV-Revision, Verlag C. H. Beck, 6. Auflage, München 2007

Interne und externe Revision – die Erwartung des Unternehmens

Wolfgang Stegmann
stellvertretender Vorsitzender des Vorstandes der DATEV eG, Nürnberg

DATEV eG
Paumgartnerstr. 6-14
90429 Nürnberg
www.datev.de

Inhaltsverzeichnis

Kurztext

Interne und externe Revision stellen Bestandteile der Corporate Governance mit unterschiedlichen Aufgabenbereichen aber auch einigen Überschneidungen dar.

Durch die Entwicklung der Aufgabengebiete haben sich neue Schwerpunkte und neue Anforderungen an die Tätigkeiten der Internen und externen Revisoren ergeben. Um den aktuellen Erwartungen der Unternehmen an die Interne und externe Revision, die eigenen Leistungen an die Herausforderungen und Anforderungen aus Wirtschaft, Gesellschaft und Technik anzupassen, gerecht zu werden, zeigt der Autor Methoden und Werkzeuge auf.

Schlüsselwörter

Interne Revision; externe Revision; Jahresabschlussprüfung; Methoden; Werkzeuge; Erwartungen; Unternehmen

1 Ausgangssituation

„Interne und externe Revision und die Erwartung des Unternehmens" – ein Thema, das auf den ersten Blick sehr theoretisch und wenig spannend klingt.

„Schaut man aber hinter die Kulissen" und betrachtet die Aufgaben von Interner und externer Revision, so sehen wir riesige Aufgabenfelder, die aktuell tagtäglich in den Medien auf der ersten Seite stehen.

Die heutige Zeit ist geprägt von zahlreichen Krisenberichten: Bankenkrise, Rezession, Immobilienkrise, Energiekrise, Unternehmenskrisen, etc., aber auch Krisen im Gesundheitswesen oder im Rentenbereich. Gerade hier in Frankfurt, der Stadt der Banken und Großunternehmen wird das besonders deutlich.

Mit diesen Krisensituationen einhergehen zahlreiche Skandale, die derzeit und auch in der jüngsten Vergangenheit zahlreiche große Unternehmen und sogar Länder in die Schlagzeilen gebracht haben (Siemens, Liechtenstein, Telekom, Lidl, etc.).

Dass eine direkte Verbindung zwischen Krisen und Frauds besteht, hat Prof. Krehl in seinem Vortrag im vergangenen Jahr hier beim Deggendorfer Forum aufgezeigt, in dem er die Bestätigung für die Hypothese „Krisen sind Überraschungen und erzeugen ihrerseits Überraschungen" geliefert hat *(vgl. Krehl, H., 2007, S. 55)*. So zeigte er auf, dass in der Nähe existenzbedrohender Krisen die Neigung der Unternehmensführung zu Bilanzpolitik, Bilanzgestaltung, zu bewussten und unbewussten Fehlern und zu Täuschungen bis hin zur Begehung von Straftaten zunimmt.

Diese Krisenlandschaft, hervorgerufen durch Globalisierung, Flexibilisierung, Wettbewerbs- und Kostendruck, sowie die Fraudproblematik, haben Reaktionen des Gesetzgebers wie z. B. erhöhte Anforderungen an die Unternehmensüberwachung (Corporate Governance) ausgelöst *(vgl. Kempf, D., Fischer, A., 2008, S. 29; Hollweck, M., 2004, 1)*.

All diese Faktoren zusammen haben einen großen Einfluss auf externe und Interne Revision, bringen eine immer schneller werdende Entwicklung der Aufgabenbereiche mit sich, stellen besondere Anforderungen und wecken auch vielfältige Erwartungen.

Wie vielschichtig das Thema Fraud ist, zeigt die folgende Darstellung:

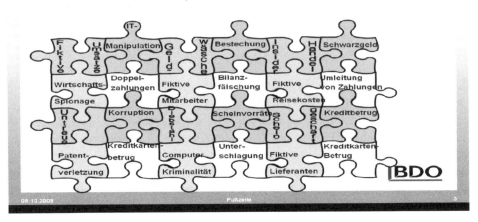

Abb. 1: Ausgangssituation (*vgl. Töller,E.-R.,2007,Folie 3*)

Wenn Interne und externe Revision von Fraud sprechen, dann haben sie in der Regel die dargestellten Ausprägungen vor Augen. Die Bekämpfung bzw. Aufdeckung dieser Risikobereiche ist eine große Herausforderung.

Das HGB schreibt in § 317 Abs. 1 Satz 3 vor, dass Unrichtigkeiten und Verstöße gegen Vorschriften, die sich auf die Darstellung der Vermögens, Finanz- und Ertragslage des Unternehmens wesentlich auswirken, bei gewissenhafter Berufsausübung zu erkennen sind. Auch das IDW verpflichtet den prüfenden Berufsstand mit dem Prüfungsstandard 210, bei der gesetzlichen Abschlussprüfung seine Prüfungshandlungen so auszulegen, dass fraudulente Handlungen erkannt werden (*vgl. national IDW PS 210, international ISA 240 und SAS 99*). Der Wirtschaftsprüfer kann jedoch im Falle eines nicht erkannten Frauds, nicht verantwortlich gemacht werden, wenn er eine gewissenhafte und ordnungsmäßige Durchführung der Abschlussprüfung nachweisen kann (*vgl. IDW PS 210 Tz. 48–50*).

2   Erwartungen des Unternehmens an Interne und externe Revision

2.1   Erwartungen an die Interne Revision
Unabhängig davon, ob die Interne Revision aufgrund gesetzlicher Normierung oder auf freiwilliger Basis eingerichtet wird, handelt es sich immer um eine Maßnahme, mit der sichergestellt werden soll, dass die von der Unternehmensleitung vorgegebenen Ziele überwacht und erreicht werden.

Die Interne Revision soll einen konkreten Beitrag zur Zielerreichung und zur Überwachung leisten *(vgl. Zwingmann, L., 2007, 2; Jozseffi, T., 2002, 1)*, d. h. insbesondere:

– Erkennen und Darstellen von vorhandenen und möglichen Risiken – Zukunftssicherung des Unternehmens
– Schutz vor Vermögensverlusten
– Realisierung eines deutlichen Beitrags zur Effizienzsteigerung und Verbesserung des Unternehmensergebnisses („Berater aus dem eigenen Haus")
– Treibende Kraft für umfassenden Veränderungsprozess im eigenen Haus
– Interne Revision als Basis für eine gute externe Revision.

Somit erfüllt die Interne Revision eine prozessunabhängige Überwachungsfunktion, zu der auch die Überprüfung des Internen Kontrollsystems gehört. Gerade die Prozessunabhängigkeit ist eine Eigenschaft, die sich die Unternehmensleitung in jedem Fall zunutze machen *sollte (vgl. Lück, W., 1999,1)*.

2.2 Erwartungen des Unternehmens an die externe Revision

Auch wenn Interne und externe Revision die generelle Prüfung als Vergleich zwischen Soll- und Ist-Zuständen als Ausgangsbasis ihrer Tätigkeiten haben, so steht bei der externen Revision doch die Funktion des Financial Auditing im Vordergrund. Wie wichtig diese Aufgabe ist, liegt angesichts der Vielzahl der Bilanzskandale der vergangenen Wochen und Monate auf der Hand.

Die externe Revision soll im Rahmen ihrer gesetzlichen Aufgabenstellungen (auch im Rahmen von freiwilligen Prüfungen) und unter Berücksichtigung der berufsständischen Vorschriften und Methoden folgende Aussagen treffen *(vgl. IDW PS 400 und 450)*:

– Prüfungsbericht und Bestätigungsvermerk des Abschlussprüfers als Bestätigung der Ordnungsmäßigkeit des Jahresabschlusses gegenüber Aufsichtsrat, Vorstand, Anteilseignern, Banken und der sonstigen Öffentlichkeit
– Aussage über Risiken aus dolosen Handlungen
– Aussage zur Bestandserhaltung des Unternehmens (going concern)
– Aussage zur Beachtung der Vorschriften zum Geldwäschegesetz
– Sonderprüfungen , z. B. als Ersatz für fehlende Interne Revision
– IT-Audits, Datenanalyse

3   Aufgaben der Internen und externen Revision

Auf den ersten Blick handelt es sich bei Interner Revision und externer Jahresabschlussprüfung um Prüfungsinstanzen, die sich nur durch ihre Stellung in Bezug auf das zu prüfende Unternehmen unterscheiden.

Auch wenn die Zielsetzung der Tätigkeit beider prüfenden Instanzen grundsätzlich vergleichbar ist, gibt es jedoch bei genauerem Hinsehen eine Reihe von Unterschieden. Allerdings gibt es nicht immer eindeutige Gegensätze, sondern auch sehr viele Überschneidungen der Aufgabenbereiche, wobei dann aber jeweils die Schwerpunkte anders gesetzt sind. Diese Gemeinsamkeiten, Unterschiede und Überschneidungen lassen sich in der folgenden Darstellung anhand von verschiedenen Kriterien aufzeigen *(vgl. Küting, J./Böcker, C., 2008,1582; Peemöller , V., 2004, 152).*

Die externe Revision oder auch externe Jahresabschlussprüfung stellt die Tätigkeit eines Wirtschaftsprüfers im Rahmen seiner Vorbehaltsaufgabe der gesetzlichen Jahresabschlussprüfung und der Erteilung/Versagung des Bestätigungsvermerks dar. Zentrale Aufgabe ist es, „über die Ordnungsmäßigkeit der Rechnungslegung von Unternehmen ein objektives Urteil abzugeben *(vgl. Marten/Quick/Ruhnke, 2007, 16; IDW PS 200).*

Die Interne Revision hingegen als innerbetriebliche Prüfungsinstanz erbringt „unabhängige und objektive Prüfungs- und Beratungsdienstleistungen, die darauf ausgerichtet sind, Mehrwerte zu schaffen und die Geschäftsprozesse zu verbessern" *(vgl. Arbeitskreis „Externe und Interne Überwachung der Unternehmung, 2006, 225).*

Interne Revision IR		Externe Revision ER
Nicht direkt gesetzlich vorgeschrieben, aber <u>IR als Teil des Risikofrüherkennungssystems</u> => faktisch Pflicht Gesetzliche Anforderungen in §§ 91 Abs. 2 AktG, 25a Abs. 1Nr. 2 KWG und MaRisk	**Gesetzliche Verankerung und Verpflichtung**	<u>Gesetzliche Anforderungen</u> an die ER: §§ 316, 317 HGB; 177 AktG WPO
<u>Durch unternehmensinterne,</u> unabhängig agierende Stabsstelle im Auftrag der Unternehmensleitung (Innenrevision)	**Prüfer**	Durch <u>unternehmensexternes</u> Prüfungsorgan: WP , aber auch StB, Unternehmensberater im Auftrag des Aufsichtsrats

Interne Revision IR		Externe Revision ER
Gesamtes Unternehmen und Vermögen – periodisch – 1x im Jahr	**Prüfungs- gegenstand**	Jahresabschluss und Lagebericht – aperiodisch – ohne festen Rhythmus
Vergangenheits- und zukunftsorientiert	**Prüfungsfokus**	Primär vergangenheitsorientiert
Assurance und Consulting - IR als Bestandteil des Internen Überwachungssystems (IÜS) Prüfungsleistungen und Beratungsdienstleistungen fürs Unternehmen (insbes. Unternehmensleitung) zur Schaffung von Mehrwerten, Verbesserung von Geschäftsprozessen, Bedeutung bei Corporate Governance	**Aufgaben**	Gesetzlicher Auftrag zur Prüfung des Jahresabschlusses mit dem Ziel des Aktionärs- und Gläubigerschutzes
Schutz des Unternehmens und des Vermögens (Vertrauens-/ Präventiv-/ Informationsfunktion)	**Funktionen**	Primär: Schutz der Aktionäre, Gläubiger, Öffentlichkeit (Vertrauens-/ Informationsfunktion)
Financial Audit Operational Audit (Systemprüfungen) Management Audit Compliance Audit Internal Consulting	**Prüfungsarten**	Financial Auditing Prüfung des IKS Sonderprüfung je nach Aufgabenstellung
Prüfungsgrundsätze der Internen Revision (in Anlehnung an Code of Ethics des IIA) Revisionsstandards des IIR und IIA	**Ablauf**	Gesetzliche Vorschriften Grundsätze ordnungsmäßiger Buchführung Prüfungsstandards des IDW und der IFAC IDW PS 240, 330, 312; EPS 261 iVm 210
Ordnungsmäßigkeit Wirtschaftlichkeit Sicherheit Zweckmäßigkeit Risiken Zukunftssicherung	**Prinzipien / Beurteilungs- Maßstab**	Ordnungsmäßigkeit Funktionssicherheit
IIR Revisionsstandard Nr. 1 „Zusammenarbeit von Interner Revision und Abschlussprüfer"	**Kooperation IR / ER**	IDW PS 321 „Interne Revision und Abschlussprüfung"

Tab. 1: „Vergleichskriterien Interne / externe Revision" *(vgl. Küting, J./Böcker, C., 2008,1582; Peemöller , V., 2004, 152)*

4 Methoden und Werkzeuge zur Aufgabenerfüllung

Grundlage jeden prüferischen Handelns sind die folgenden **Methoden der Internen und externen Revision**. Diese zu verwenden entspricht den Erwartungen des Unternehmens an eine effiziente und effektive Prüfungsdurchführung.

4.1 Understanding the business

Ausgangspunkt der gesamten Prüfung ist es, das Unternehmen mit seinem „Geschäftsmodell" zu verstehen, um wirksam prüfen zu können *(vgl. IDW PS 230)*.

Vereinfacht ausgedrückt heißt das, das „Geschäftsmodell" ist eine modellhafte Beschreibung für die Aussagen „Wie ist die Stellung des Unternehmens im Markt und in der Branche ?", „Wie ist die Stellung der Branche in der Volks- bzw. Weltwirtschaft ?", „Welche Einflussfaktoren bestehen auf das Geschäftsmodell des Unternehmens ?", „Wie steht es um das Unternehmen?" und „Wie erfolgreich ist das Unternehmen?".

Es besteht aus 3 Hauptkomponenten:

1. Nutzenversprechen
2. Architektur der Wertschöpfung
3. Ertragsmodell.

Heute wird ein „Geschäftsmodell" in Unternehmen vor allem für strategische Analysen verwendet. Die Aufgaben bestehen darin

– das bestehende Geschäft eines Unternehmens besser zu verstehen,
– die Basis zu bilden, um das heutige Geschäft zu verbessern, sich besser gegenüber Wettbewerbern zu differenzieren oder die eigenen Schwächen zu verstehen, wenn neue Wettbewerber mit neuen Geschäftsmodellen im Markt aktiv werden,
– neue Geschäftsideen systematisch darzustellen und so zu evaluieren, worin sich die neue Geschäftsidee von bestehenden unterscheidet, wo die Wettbewerbvorteile liegen, welchen Unique Selling Proposition die neue Geschäftsidee aufweist und dadurch zu verstehen, welche Erfolgswahrscheinlichkeiten eine neue Geschäftsidee hat *(vgl. Stähler, P., 2001, S.39)*.

4.2 Risikoorientierter Prüfungsansatz

Diese Prüftechnik fokussiert auf die risikobehafteten Prüfbereiche, um Fehler im Geschäftsprozess aufzudecken, bevor sie echte Risiken für das Unternehmen darstellen *(vgl. IDW PS 210 TZ. 13)*.

„Prüfe dort, wo Risiken mit Relevanz auf die Aussage des Prüfers wahrscheinlich sind und lasse Gebiete außen vor, die keine Risikorelevanz haben." Dies führt in der Praxis dazu, dass Prüfungsbereiche mit einem höheren Gefährdungspotential öfters geprüft werden, als solche mit einem geringeren Gefährdungspotential.

Prüfungsbereiche, die aufgrund eines sehr hohen Gefährdungspotentials, oder aufgrund von gesetzlichen bzw. Unternehmensrichtlinien in jedem Prüfungszyklus geprüft werden sollen, werden als fixe Prüfungsbereiche bezeichnet. Damit folgt die Prüfung dem Grundsatz der Wesentlichkeit *(vgl. IDW PS 250)*.

4.3 Prozessorientierter Prüfungsansatz bzw. Prüfung des Internen Kontrollsystems

Dieser Prüfungsvorgang ist an der Ordnungsmäßigkeit bestimmter Kernprozesse orientiert *(vgl. IDW PS 260)*.

Ziel ist zum einen die Verbesserung der Prozesse durch Verringerung von Kosten und die Verminderung von Risiken für dolose Handlungen, zum anderen die Aufdeckung von Risiken, welche die Aussagefähigkeit des Jahresabschlusses in Frage stellen.

Denn die meisten Prozesse führen zu Auswirkungen letztendlich im Jahresabschluss. Dies bedeutet, dass fehlerhafte Prozesse unweigerlich zu fehlerhaften Jahresabschlüssen führen werden. Aus diesem Grund ist in der heutigen Prüfungspraxis die prozessorientierte Prüfung bzw. die Prüfung des Internen Kontrollsystems eine sehr wirksame Prüfungsmethode, die es auch erlaubt, die Prüfungsabwicklung vor den Bilanzstichtag zu legen und damit die sog. Busy Season zu entlasten. Eine Fortführung dieser Methode ist das Continuous Monitoring als besondere Ausprägung der prozessorientierten permanenten Prüfung, die auf eine dauernde Überprüfung der Geschäftsprozesse ausgelegt ist.

4.4 „Intelligente" Arbeitspapiere

„Intelligente" Arbeitspapiere helfen bei diesem prüferischem Handeln, – die Prozessprüfungen werden nach Risikogesichtspunkten vorstrukturiert.

Sie geben wertvolle Leitfäden vor, um nichts zu vergessen und eine gute Dokumentation der Prüfung zu gewährleisten. Neben den normalen Checklisten sind „Intelligente" Arbeitspapiere mit dynamischen Checklistenpunkten ausgestattet. So werden aufgrund von Eingangsparametern wie Größe, Komplexität, Branche, etc. Checklistenpunkte generiert, die sich dann aufgrund der getätigten Antwort auch noch in Anzahl und Art der Fragestellung laufend anpassen. Damit wird der Prüfer von lästigen – nicht zutreffenden – Fragen entlastet und es wird „nachgefragt", wenn sich neue Konstellationen durch eine vorherige Antwort ergeben.

4.5 Analysewerkzeuge – Benchmarking

Die Prüfung der Going-Concern-Annahme ist im Rahmen der gesetzlichen Abschlussprüfung verpflichtend. Bei dieser Aufgabe bedient sich der Prüfer nicht selten objektiver Analysesysteme, wie beispielsweise Bilanzratings *(vgl. Baetge J., Melcher, T., Schulz, R., 2007, S. 25).* und Branchenbenchmarks *(vgl. Baetge, J., Kirsch, H.-J., Thiele, S., 2004, S. 499).* Diese Werkzeuge spielen in der Prüfungsplanung und Analyse des Jahresabschlusses eine sehr große Rolle. Das Bilanzrating fällt ein objektives Urteil bezüglich der Überlebenswahrscheinlichkeit des betrachteten Unternehmens. Das Branchenbenchmarking hingegen analysiert die relative Position des Unternehmens innerhalb seiner Branchen und liefert damit wichtige Hinweise auf die gegenwärtige Situation des Unternehmens sowie dessen wirtschaftlichen Umfelds *(vgl. Krehl, H., Schneider, R., Fischer, A., 2006, S. 13).*

Wie das geprüfte Unternehmen geratet ist und durch welche Einflussfaktoren das Ratingergebnis verändert werden kann, sind wichtige Indikatoren für eine risikoorientierte Prüfung. (Baetge empfiehlt sogar explizit die Ausfallwahrscheinlichkeit als Ergebnis eines Bilanzratings im risikoorientierten Prüfungsansatz zu berücksichtigen *(vgl. Baetge J., Melcher, T., Schulz, R., 2007, S. 52).*

4.6 Datenanalysen

Die betroffenen Unternehmen erwarten von den internen und externen Prüfern, dass sie sich moderner Datenanalysewerkzeuge bedienen (beispielsweise Software wie ACL für Windows und dab:exporter, *vgl. www.acl.com,. www.dab-gmbh.de, www.datev.de/abschlussprüfung)*, um die Prüfung effizient und kostensparend durchführen zu können. Die großen Datenmengen, die in vielen Unternehmen prüfungsrelevant sind, sind heute manuell nicht wirtschaftlich prüfbar *(vgl. Kempf, D., Fischer, A., 2008, S. 29).*

Mit diesen neuen Werkzeugen sind sichere Prüfungen aller Datenbestände durchführbar und selbst komplexe Fragestellungen können durch programmierbare Prüfroutinen automatisiert werden. Insoweit erhöhen diese Werkzeuge dramatisch die Effizienz und Qualität der Prüfung und sind heute m. E. Pflichtwerkzeuge für interne und externe Prüfer.

4.7   Harmonisierung der Datenströme

Sowohl Interner als auch externer Revisor haben mit einer Vielzahl von Datentypen und Datenverarbeitungs-Systemen zu „kämpfen". Dabei kann sich der Interne Revisor schon eher an „seine Systeme" gewöhnen, der externe Prüfer hingegen findet eine sehr hohe Vielfalt bei seinen Mandanten vor.

Durch eine Standardisierung der Prüferschnittstelle, wie es vom XBRL Konsortium propagiert wird (vgl. www.xbrl.org), kann dieses prüferische Problem minimiert werden. Das BMJ und der Bundesanzeigerverlag (vgl. www.unternehmensregister.de) und künftig auch die deutsche Finanzverwaltung nutzen die Möglichkeit, über dieses Format einen Einreichungsstandard für Jahresabschlussdaten vorzuschreiben. Eine weitere Ausbreitung dieses Standards auf prüfungsrelevante Daten würde das Leben der Prüferwelt und auch das der Unternehmen stark vereinfachen.

4.8   Einsatz von Methoden und Werkzeugen

In den nachfolgenden Darstellungen werden verschiedene Methoden aufgezeigt und der Einsatz der entsprechenden Werkzeuge beispielhaft dargestellt:

Was brauchen sowohl der Interne als auch Externe Prüfer?

DV-gestützte Werkzeuge, die den gesamten Prüfungsprozess des Internen und Externen Prüfers unterstützen.

Beispiele von Methoden und Werkzeugen:

- „Intelligente" Arbeitspapiere   -> Arbeitspapiere

- Analysewerkzeuge   -> Risk- und auditminer

- Datenanalysen   -> ACL für Windows, DATEV data assurance framework, dab:exporter

- Harmonisierung der Datenströme -> XBRL

Abb. 2: Methoden und Werkzeuge

4.8.1 Prüfungsprozess

Generell gilt es den Prüfungsprozess in der Internen und externen Revision zu strukturieren. Hierfür dient als Basis eine Prozessübersicht für die externe Revision (vgl. Abbildung 3), welche auch im Rahmen einer Internen Revision anwendbar ist.

Dieser Prozess beschreibt den Weg von der Auftragsannahme über die Planung aller Aufträge der Kanzlei zur detaillierten Planung des einzelnen Auftrags. Dem folgt die Durchführung der Prüfung gegliedert in Vor- und Hauptprüfung, die Berichterstattung über die Prüfung und die Erteilung oder Versagung des Bestätigungsvermerks und der Ablage und Archivierung der Prüfungsunterlagen und Berichte. Beendet wird der Prozess durch die interne und externe Nachschau einzelner Prüfungsaufträge einer Kanzlei.

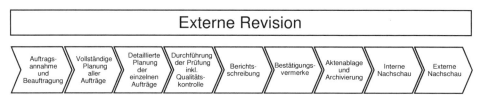

Abb. 3: Prüfungsprozess

4.8.2 *Prüfung des Internen Kontrollsystems*

Dieses Beispiel zeigt einen Ausschnitt aus den „intelligenten" Arbeitspapieren zur Prüfung des Internen Kontrollsystems.

Wichtig dabei ist, dass sich die gestellten Fragen an das geprüfte Unternehmen möglichst „selbst" anpassen und auf Feststellungen des Prüfers laufend reagieren. Durch die Ampeln sollen der Prüfer und der Prüfungsleiter sehr schnell einen Überblick über die erledigten und nicht erledigten Prüfungsfragen und auch einen Hinweis auf festgestellte Problemstellungen und Risiken erhalten.

Der Umfang der Prozess-Checkliste orientiert sich daran, ob ein High-Level-Control für diesen Prozess vorliegt und welche Einzelprozesse geprüft werden. Hier werden abschließend Aussagen zu Maßnahmen, Angemessenheit und Wirksamkeit des Internen Kontrollsystems getroffen.

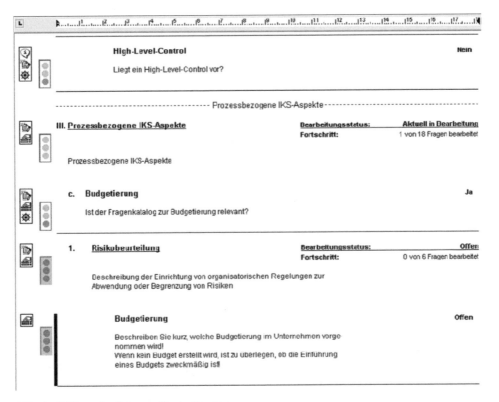

Abb. 4: Prüfung des Internen Kontrollsystems

4.8.3. *Prüfungsdurchführung*

Dem schließt sich die Prüfungsdurchführung im Rahmen der Jahresabschlussprüfung an, die im nachfolgenden Beispiel mit „intelligenten" Checklisten (nach der gleichen Logik wie bei der Prüfung des Internen Kontrollsystems) unterstützt wird: Die Prüfungsdurchführung richtet sich nach dem Aufbau des Jahresabschlusses und wird durch die Einschätzung aus der Prüfungsplanung gesteuert. Die Ergebnisse der Prüfung werden dokumentübergreifend in einem Cockpit aufbereitet.

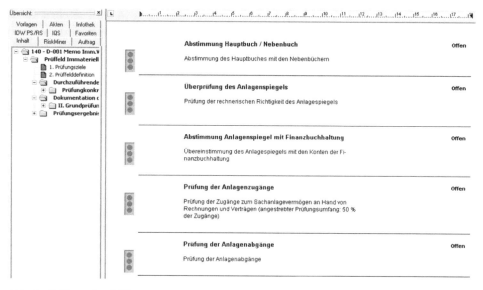

Abb. 5: Prüfungsdurchführung

4.8.3 Externe Berichterstattung

Die externe Berichterstattung erfolgt in einem Berichtssystem, das als Werkzeug alle wesentlichen Bestandteile enthält. In einem solchen Berichtssystem kann der Prüfer seine Erläuterungen und Analysen des Jahresabschlusses auf komfortable Art und Weise durchführen. Für diese Aufgabe sollte neben der MS-Word kompatiblen Textbearbeitung eine Integration der Jahresabschlusszahlen aus dem Rechnungswesen inkl. der Möglichkeit der grafischen Aufbereitung möglich sein. Die Länge des Berichtes sollte skalierbar sein, sodass für jeden Berichtsempfänger eine individuelle Berichtsfassung erstellt werden kann.

- DATEV Abschlussprüfung bietet Ihnen komfortable Unterstützung bei der Erstellung Ihrer Prüfungsberichte und Jahresabschlüsse.
- Verschiedenste Auswertungen stehen Ihnen zur Auswahl (z. B. Bilanz, Gewinn- und Verlustrechnung …).
- Berichte und Auswertungen können auf Ihre Bedürfnisse angepasst werden.
- Variablen und Rechenfelder gewährleisten an jeder Position des Berichtes stets aktuelles Zahlenmaterial.

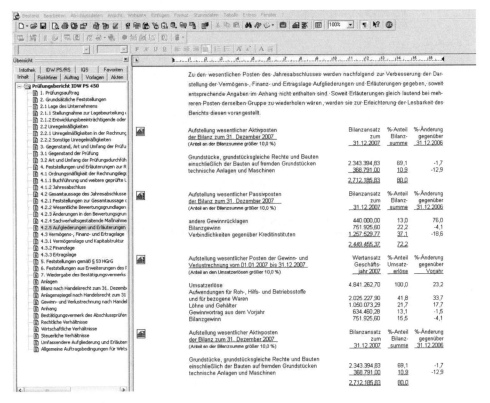

Abb. 6: Das Berichtswesen

4.8.4   *Umfrageergebnisse zu Datenanalyseprogrammen*

Nachfolgende Darstellung zeigt bezogen auf die heute üblichen Formen der Datenanalyse - allgemeine Datenanalyse, Aufdeckung von Fraud, Continuous Monitoring
– die jeweiligen Anbieter von Software und deren Marktanteile.

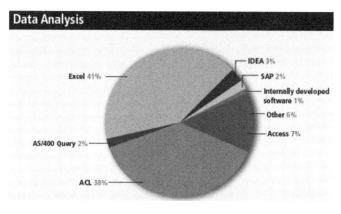

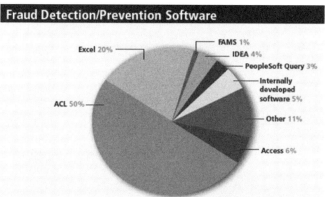

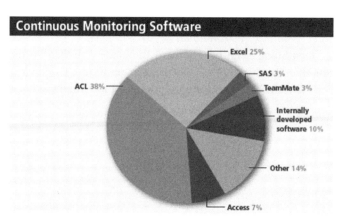

Abb. 7: Datenanalyse für Interne und externe Revision, Quelle: „Umfrage zu Datenanalyse-programmen" (August 2005, veröffentlicht vom Institute of Internal Auditors, Inc. www.theia.org)

Gegenüber den im Prüfungsalltag noch oft anzutreffenden Excel-Lösungen, eignen sich moderne Massendatenanalysesysteme wie ACL für Windows deutlich besser zur Analyse von großen Datenbeständen.

Die DATEV eG stellt mit DATEV ACL comfort seinen Mitgliedern ein leistungsfähiges Datenanalysesystem auf Basis von ACL zur Verfügung, welches besonders bedienerfreundlich ist und damit Datenanalysesysteme massentauglich macht. Dieses wird ergänzt durch den dab:exporter, der die Datenextraktionen aus ERP-Systemen wie z. B. SAP in unterschiedliche Zielformate wie z. B. dem GDPdU-Format durchführt (vgl. www. datev.de/abschlussprüfung).

Diese Software verfügt neben der technischen Kapazität, unterschiedlichste Daten einlesen zu können, über eine Vielzahl vordefinierter Prüfschritte, in die auch statistische Verfahren wie Benford-Test, Chi-Quadrat-Test, etc. eingebettet sind.

DATEV hat mit dieser Weiterentwicklung der von ACL angebotenen Lösung einen Meilenstein gesetzt, um dem „NUR-Wirtschaftsprüfer", dem „NUR-Steuerberater" und dem „NUR-Internen Revisor" und deren Mitarbeitern ein Werkzeug anzubieten, mit dem sie auch ohne große EDV-Kenntnisse sehr gute Erfolge erzielen können. Nachfolgend wird gezeigt in welchen Schritten die Datenanalyse erfolgt:

4.8.6 Analyse von Massendaten

Die Analyse von Massendaten erfolgt in der Regel in 6 Prozess-Schritten:

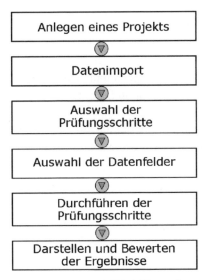

Abb. 8: Datenanalyse in sechs Schritten mit DATEV ACL comfort

Die folgenden Abbildungen zeigen die sechs Schritte der Analyse von Massendaten mit DATEV ACL comfort im Einzelnen:

Nach dem Anlegen eines Projekts in DATEV ACL comfort und dem Importieren der Daten erfolgt im 3. Schritt die Auswahl der Prüfungsschritte.

Hier werden die Prüfungsschritte ausgewählt, mit denen der Anwender gerne arbeiten würde. (zum Beispiel: Die Benford Analyse). Es kann aus mehr als 500 vordefinierten Prüfungsschritten ausgewählt werden!

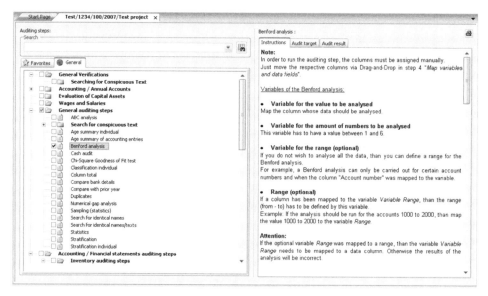

Abb. 9: Auswahl der Prüfungsschritte

Selektieren der zu analysierenden Daten und Zuordnung der benötigten Datenfelder erfolgt mit Hilfe von Drag-and-Drop in Schritt 4.

Schritt 5 steht für die Durchführung der einzelnen Prüfungsschritte, in Schritt 6 werden die Ergebnisse der Analyse bewertet.

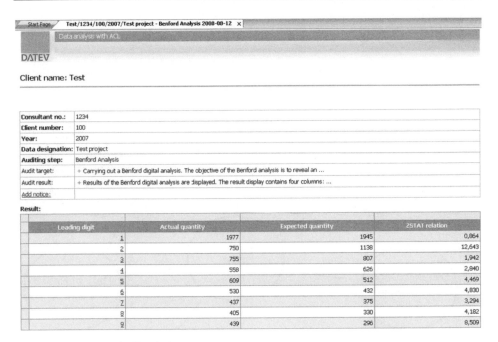

Abb. 10: Bewertung der Ergebnisse

4.8.7 Überprüfung der Going-Concern-Hypothese

Beispiele zur Überprüfung der Going-Concern-Hypothese bzw. der Analyse des Jahresabschlusses, der Erfolgsherkunft und der Analyse des Ratingergebnisses zeigen die Darstellungen zur Jahresabschlussanalyse, zu Rating und zu Benchmarking:

Auf die Frage „Wo steht das Unternehmen?" geben folgende Teilanalysen Auskunft:

– Erfolgsquellenspaltung
– Bilanzstrukturanalyse
– Cash Flow
  • Kapitaldienstfähigkeit
  • Liquiditätsnachweis
  • Kapitalflussrechnung
– Klassische Kennzahlen und Internationale Ratingnoten
– Unterjähriges Controlling
– Graphische Aufbereitung

So your Company developed

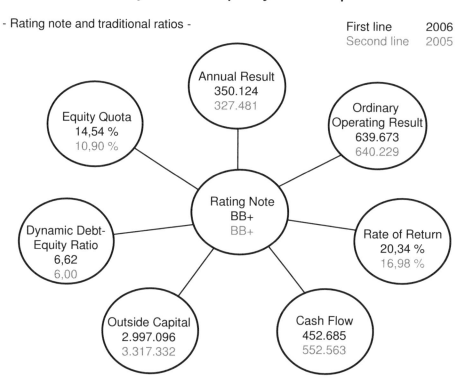

- Rating note and traditional ratios -

First line 2006
Second line 2005

Annual Result
350.124
327.481

Equity Quota
14,54 %
10,90 %

Ordinary
Operating Result
639.673
640.229

Rating Note
BB+
BB+

Dynamic Debt-
Equity Ratio
6,62
6,00

Rate of Return
20,34 %
16,98 %

Outside Capital
2.997.096
3.317.332

Cash Flow
452.685
552.563

Abb. 11: Jahresabschlussanalysen – wo steht Ihr Unternehmen

Im Rahmen eines Branchen-Ratings werden folgende Teilaspekte behandelt:

- Einordnung des Unternehmens über seine Ausfallwahrscheinlichkeit (PD)
- Internationale Rating Skalen (z. B. S&P)
- Wo steht das Unternehmen innerhalb seiner Branche?
- Vergleich von Branche, Wirtschaftszweig, Gesamtwirtschaft
- Darstellung klassischer Kennzahlen

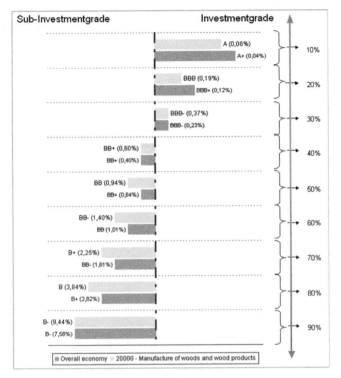

Abb. 12: Rating Benchmarks für Branchen – steht das Unternehmen innerhalb seiner Branche?

4.8.8 XBRL-Standardisierungsverfahren

Am Ende der Gesamtdarstellung steht ein Ausblick auf die Standardisierung des Datentransfers mit dem XBRL-Standardisierungsverfahren, durch das sich in erheblichem Maße Rationalisierungsvorteile in der Prozesskette gewinnen lassen. Folgende Darstellungen zeigen die Wertschöpfungskette von finanziellen Datenströmen – vom Unternehmen über das konsolidierte Unternehmen über den Steuerberater bzw. den Wirtschaftsprüfer bis hin zu den Zielgruppen Banken, Versicherungen, Börse, Regierungsstellen, Medien, Presse, Portale, Analysten und sonstigen Stakeholdern.

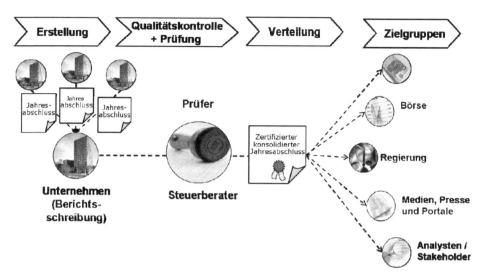

Abb. 13: Potenziale der Financial Supply Chain auch für Interne und externe Revision

Der Transport der Informationen erfolgt über Datenflüsse, bei denen die Daten immer wieder in andere Formate umgewandelt werden müssen, damit das jeweilige Trägersystem die Daten auch verarbeiten kann. Dies führt zu einem fortlaufenden Lesen, Umwandeln und Transformieren von Daten mit all den Problemen, die damit verbunden sind. Manchmal ist zwischendurch noch eine „Papierschnittstelle" eingebaut, die eine erneute Eingabe der Daten erfordert.

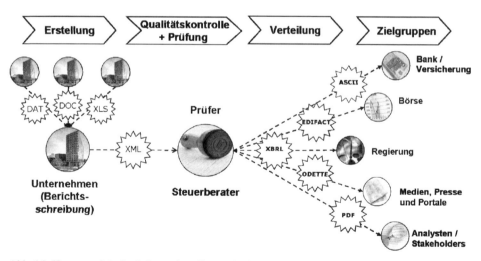

Abb. 14: Heterogenität des Informationsflusses in der Financial Supply Chain

Dieser heterogene Finanzdatenprozess könnte durch konsequente Standardisierung für alle Beteiligten verbessert werden. Mit dem XBRL Standard wird versucht, die vielfältigen Datenformate zu nivellieren um sowohl dem Sender als auch dem Empfänger von Jahresabschlussdaten das Datenhandling zu erleichtern und Fehlerquellen zu minimieren.

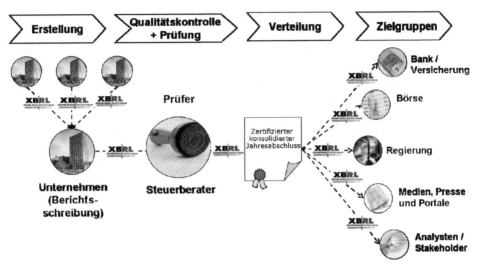

Abb. 15: Optimierte Financial Supply Chain

5 Continuous monitoring

Mit dem Gewinn von Rationalisierungspotentialen durch den Einsatz moderner Massendaten-Prüfungsmethoden wie DATEV ACL comfort, aber auch durch das eher betriebswirtschaftlich orientierte Verfahren zur Prüfung des Going-Concerns verfügt die Revision jetzt über die Möglichkeit, ein Continous Monitoring aufzubauen.

Continuous Monitoring lässt sich als eine Prüfungsmethode beschreiben, mit der vordefinierte Bereiche oder Geschäftsvorfälle simultan oder wenigstens sehr zeitnah überwacht und geprüft werden können. So soll dem Erfordernis nach aktuellen, zeitnahen und über das ganze Jahr verlässlichen Informationen Rechnung getragen werden. *(Küting/Weber/Boecker, StuB, 2004, S. 1 ff)*.

Der Einsatz des Continuous Auditing bei der externen Revision steht für eine zeitnahe Abschlussprüfung. Insbesondere bei der Beurteilung von Risikomanagementsystemen und der Prüfung des Internen Kontrollsystems bzw. der Prozessprüfung durch den Abschlussprüfer ist eine kontinuierliche Überwachung der relevanten Prozesse erforderlich (vgl. IDW PS 340 und 260). Eine rein stichtagsbezogene Prüfung würde für eine Überwachung von kontinuierlichen Prozessen nicht ausreichen.

Hierbei zeigt sich Continuous Auditing als neue Prüfungsmethode, um Datenmanipulationen durch gezielte Eingriffe in die Datenverarbeitungsprozesse zu verhindern und Fehler aufzudecken.

Auch gerade bei der Prüfung von automatisierten und integrierten Geschäftsprozessen werden die Vorteile des Continuous Auditing-Ansatzes deutlich. Da es hier von Bedeutung ist, wie groß die Zeitspanne zwischen Sachverhalt und dessen Untersuchung, Beobachtung und Prüfung ist, ist es wichtig, dass die rechnungslegungsrelevanten Datenbestände nicht nur zu einem Zeitpunkt im Jahr sondern kontinuierlich überprüft werden *(Hollweck/Scheer, DSWR 1-2/2006, S. 8)*.

Eine Real-time-Abbildung von wichtigen Unternehmensindikatoren, sog. KPI's (Key Performance Indikators) wird durch fest hinterlegte Prüfungsalgorithmen ermöglicht. Sie unterstützen die frühzeitige Bestimmung von kritischen Prüffeldern, die Entwicklung einer Prüfungsstrategie und ermöglichen eine Transformation der Ergebnisse in individuelle Prüfungsprogramme.

Auch der Zeit- und Kostenfaktor ist zu beachten. So kann eine Verminderung kostenintensiver Ressourcenbindung durch die Automatisierung von wiederkehrenden Arbeiten erreicht werden. Die gewonnene Zeit kann für weitere „prüfungsqualitätsverbessernde" Maßnahmen eingesetzt werden.

Der Vorteil von Continuous Auditing liegt für Unternehmen zum einen im zeitnahen Erkennen bestandsgefährdender Tatsachen, wodurch ein frühzeitiges Gegensteuern ermöglicht wird, zum anderen in der standardisierten Aufbereitung von Unternehmensdaten zur Gewährleistung der adäquaten Datenübergabe für digitale Betriebsprüfungen.

Bei allen Vorteilen, die der Continuous Auditing-Ansatz bringt, stellt er auch besondere Anforderungen an Unternehmen und den Prüfer. Wichtige Punkte, die von Unternehmens- und von Prüferseite beachtet werden müssen, sind insbesondere die Unabhängigkeit des Abschlussprüfers und die Einhaltung von besonderen Sicherheitsaspekten im Bereich von sensiblen Daten *(vgl. Groß, S./Vogel, A., 2007, S. 7)*.

6   Sarbanes Oxley Act Sec. 404 / SAS70 als permanente Prüfung

Zahlreiche internationale und nationale Vorschriften fordern in der Zwischenzeit mehr und mehr permanente Prüfungshandlungen zur Sicherstellung der Wirksamkeit des Internen Kontrollsystems bzw. der Wirksamkeit und Effizienz der Prozesse – so auch SOX Sec. 404, SAS70.

Die Einhaltung dieser Vorschriften ist allein durch eine stetige Überprüfung sowie den Nachweis der Erfolgswirksamkeit derartiger Prüfungen zu erlangen.

Die folgenden Folien zeigen auf, wie eine Prüfung nach Art, Vorgehen und Umfang entsprechend Sarbanes Oxley Act Sec. 404/SAS 70 aufgebaut ist.

■ **Sarbanes-Oxley Act (SOX)**

- ▪ USA: Gesetzliche Verpflichtung zur Veröffentlichung eines Reports zum **Nachweis der Effektivität** der internen Kontrollsysteme zur Finanzberichterstattung

- ▪ Betroffen auch deutsche Dienstleister, die für Tochtergesellschaften amerikanischer börsennotierter Unternehmen IT-Leistungen erbringen

- ▪ **Methode:** Statement on Auditing Standard (SAS 70 – Typ II) Nr. 70: für Serviceunternehmen, Typ II: mit Prüfungshandlungen

---

Abb. 16: SOX Sec. 404 / SAS70 als permanente Prüfung – SOX

■ **Vorgehen**

- ▪ Darstellung / Beschreibung von Kontrollobjekten durch Unternehmen und WP
  - Einsicht in Dokumentationen / Gespräche mit Verantwortlichen
  - Präsentation von Abläufen / Prozessen/ Workflows

- ▪ Ausführen von Kontrollhandlungen (was kann schief gehen ?)
  - aktiver Einblick in laufende Prozesse
  - Betriebsbegehungen

- ▪ Beschreibung der Kontrollhandlungen durch den WP

- ▪ Ergebnis der Kontrollen und Beurteilung der Effektivität durch den WP

Abb. 17: SOX Sec. 404 / SAS70 als permanente Prüfung – Vorgehen

---

▪ Umfang der Prüfung

▪ Applikations- und Geschäftsprozesskontrollen z.B.
  - korrekte Berechnung
  - vollständige und richtige Verarbeitung der Stamm- und Bewegungsdaten

▪ Technische Infrastruktur z.B.
  - Netzwerkinfrastruktur
  - Technische Vorkehrungen zur Ausfallsicherheit

▪ Allgemeine IT-Kontrollen z.B.
  - Betrieb der IT-System (z.B. Security Administration)
  - Überwachung der IT-Prozesse (z.B. Interne Revision)

▪ Einhaltung gesetzlicher Vorgaben z.B.
  - Bundesdatenschutzgesetz
  - Grundsätze ordnungsgemäßer Speicherbuchführung (GoBS, CobiT)

▪ . . .

Abb. 18: SOX Sec. 404 / SAS70 als permanente Prüfung – Umfang der Prüfung

7 Entwicklungen und Anforderungen an die Interne und externe Revision / Ausblick

7.1 Interne Revision

Die Erwartung des Unternehmens an die Interne Revision ist, dass sie die eigenen Leistungen an die Herausforderungen und Anforderungen, die sich aus Wirtschaft, Gesellschaft und Technik ergeben, anpasst, um weiterhin qualifizierte Beiträge für Unternehmen und Unternehmensleitung liefern zu können (*Lück,W., 1999*).

Die Arbeit der Internen Revision wird durch folgende Entwicklungen beeinflusst:

– zunehmende Internationalisierung der Wirtschaft auch für den Mittelstand
– Umsetzung von Rationalisierungskonzepten
– Zunahme DV-gestützter Abläufe
– zunehmende Bedeutung von Risikogesichtspunkten bei Unternehmensführung und -überwachung
– Herausforderungen durch unternehmensinterne und -externe Konkurrenz

Indem die Interne Revision auf diese Entwicklungen reagiert und sich den neuen Herausforderungen und Anforderungen anpasst, wird sich ihr Aufgabengebiet in wesentlichen Punkten verändern:

– verstärkte Zukunftsorientierung bei Prüfung und Beratung
– Zunahme der Beratungsleistungen
– stärkere Zusammenarbeit mit den Aufsichtsorganen des Unternehmens
– stärkere Zusammenarbeit mit dem Abschlussprüfer
– weg vom Outsourcing wieder hin zum Insourcing der Revisionsaktivitäten

7.2   Externe Revision

Auch die externe Jahresabschlussprüfung muss sich den wachsenden Herausforderungen stellen und auf die besonderen Anforderungen der Unternehmen, der Aufsichts- und Überwachungsorgane und der Öffentlichkeit mit neuen Methoden und Werkzeugen reagieren:

– Moderne Prüfroutinen / Prüfungspakete unterstützen verschiedene
  Wirtschaftszweige, Unternehmensgrößen, Prüfungsarten, Skills
– „What if" und „what to do" – Software /Applikationen
– Unterstützung wachsender Mobilität
– Individuell angepasste Schnittstellen zwischen Kunde und Prüfer zur
  Unterstützung beim Datenaustausch (customizing)
– Erweiterung des „Remote Auditing"
– Automatisierte Prüfroutinen und Plausibilitätsprüfungen, die in
  Kundensystemen implementiert sind

In den einzelnen Aufgabenbereichen von Interner und externer Revision gibt es Gemeinsamkeiten aber auch Unterschiede. Beide prüfenden Instanzen sind Bestandteile der Corporate Governance, wobei die Zielsetzung der Tätigkeiten grundsätzlich vergleichbar ist.

Auch wenn die unterschiedliche Rollenverteilung zwischen externer und Interner Revision klar definiert ist, kann es eine gute Zusammenarbeit zwischen beiden Instanzen geben. So können beide Instanzen bei gut organisierter Kooperation auf der Basis von Vertrauen und Verschwiegenheit durchaus voneinander profitieren.

Literaturverzeichnis

Arbeitskreis „Externe und Interne Überwachung der Unternehmung" der Schmalenbach-Gesellschaft für Betriebswirtschaft e.V., Köln, DB 2006, S. 225, „Best Practice für die Interne Revision"

Baetge, J, / Kirsch, J. / Thiele, S., 2004, S. 499, „ Bilanzanalyse", IDW Verlag, Düsseldorf

Baetge, J. / Melcher, T./ Schulz, R., 2007, S. 25, Tagungsband des 3. Deggendorfer Forum zur digitalen Datenanalyse 2007, „ Vermeidung von Bilanzdelikten durch (Früh-) Erkennungs-methoden - Trends in der Wirtschaftsprüfung"

Groß, S. / Vogl,A., 7/2007, Forum Elektronische Steuerprüfung „Continuous Auditing"

Hollweck, M. / Scheer, J., DSWR 1-2/2006, S. 8, „IKS für den Mittelstand"

Hollweck, M., ZIRdigital 1/2004, „Risikoorientierter Prüfungsansatz der Internen Revision – Auswirkungen auf die Revisionsarbeit"

IDW Prüfungsstandards, 12/2008, IDW Verlag, Düsseldorf 2008

Jozseffi, T., 2002, 8. Internationale Fachtagung für Interne Revision in Ulm, „Erwartungen an die Interne Revision – Anmerkungen eines Unternehmers"

Kempf, D. / Fischer, A., 2008, S. 29, Brennpunkte der Wirtschaftsprüfung und des Steuerrechts, Verlag Recht und Wirtschaft Beck, Straubing, „Digitale Datenanalysen – ein adäquates Mittel zur Aufdeckung von Unregelmäßigkeiten in der Rechnungslegung"

Krehl, H., 2007 S. 55, Tagungsband des 3. Deggendorfer Forum zur digitalen Datenanalyse 2007, „Bilanzrating und Branchenbenchmarks als Instrument zu Risikofrüherkennung im Prüfungs-prozess?"

Krehl, H., / Schneider, R. /Fischer, A., 2006, S. 13, Branchenrating 2006 – Ratingbenchmarks für Branchen, DATEV Nürnberg

Küting, K. /Böcker, C., DB 2008, S. 1582, „Zur Rollenverteilung der externen Jahresabschluss-prüfung und Internen Revision als Komponenten der Corporate Governance"

Küting, K. /Weber, C. P. /Boecker, C., StuB 1/2004, S. 1 ff, „Fast Close – Beschleunigung der Jahresabschlusserstellung : (zu) schnell am Ziel?"

Lück, W., 1999, FAZ Sonderdruck vom 19.7.1999, „Die Bedeutung der Internen Revision für die Unternehmensführung"

Marten, K.-U.,/ Quick, R., / Ruhnke, K., „Wirtschaftsprüfung", 3. Auflage, 2007, S. 16, Schäffer-Poeschel

Peemöller, V. H., in Förschle/Peemöller, Wirtschaftsprüfung und Interne Revision, 2004, S. 152,

Stähler, P., 2001, S. 39, „Geschäftsmodelle in der digitalen Ökonomie: Merkmale, Strategien und Auswirkungen", Eul Verlag, Köln-Lohmar

Töller, E.-R., 2007, 3. Deggendorfer Forum zur digitalen Datenanalyse, „Regelextraktion aus Daten: Ein Instrument zur Analyse von Unregelmäßigkeiten"

Zwingmann, L., Interne Revision 2/2007, „Erwartungen an die Wertsteigerungsbeiträge der Internen Revision"

Massendatenanalyse –
Zukunftswerkzeug der Revision?

Günter Müller
Leiter CA Holding, Servicegesellschaften und Spezialgebiete
Bayer AG

Bayer AG
Kaiser-Wilhelm-Allee
51368 Leverkusen
www.bayer.de

Inhaltsverzeichnis

Kurztext

Die Menge der von Revision und Wirtschaftprüfung zu untersuchenden Daten nimmt auf Grund immer ausgefeilterer Methoden der Wirtschaftskriminalität stetig zu. Dabei werden die Verfahren zur Aufdeckung solcher Vergehen immer komplexer und umfangreicher. Um schnell und effizient Schadensfälle aufzudecken, müssen Unternehmen ihre Kontroll- und Steuerungsinstrumente verändern. Der Beitrag zeigt, welche Herausforderungen sich im Unternehmen stellen und liefert Erfahrungswerte sowie Lösungsansätze aus der Praxis.

Schlüsselwörter

Massendatenanalyse; Revisionsansatz; Verwertbarkeit von Daten; Zugriffsrechte

1 Einleitung

Im Zeitalter der schnellen technischen Weiterentwicklung und der immer stärker greifenden Globalisierung im unternehmerischen Bereich müssen sich auch die Kontroll- und Steuerungsinstrumente eines Unternehmens verändern und sich auf die neuen Gegebenheiten einstellen.

In diesem Zusammenhang kann gesagt werden, dass das klassische Revisionsgeschäft nicht neu erfunden werden muss. Allerdings müssen neue Werkzeuge erarbeitet und zum Teil bestehende neu ausgerichtet werden. Hinzu kommt, dass die Revisionsphilosophie (vom buchhalterischen hin zum unternehmerischen Revisor) verändert werden muss. Dies bedeutet, dass sich die Mitarbeiter der Revisionen stark weiter entwickeln müssen, denn es ist mit der Erstellung von Massendatenanalysen alleine nicht getan. Die Mitarbeiter der Revision müssen auch in der Lage sein, die Ergebnisse der Analysen richtig zu interpretieren. Sollte dies nicht der Fall sein, wären derartige Auswertungen sogar kontraproduktiv.

Nachstehend möchte ich mich mit der Frage der Massendatenanalyse auseinandersetzen und versuchen, Lösungsansätze, verbunden mit Erfahrungswerten, aufzuzeigen.

2 Revisionsschwerpunkte im Überblick

Bei den klassischen Revisionsschwerpunkten handelt es sich um die

- Einhaltung von Gesetzen und Verordnungen
- Beachtung von Unternehmensrichtlinien
- Förderung der Wirtschaftlichkeit
- Sicherung und Schutz des Vermögens
- Kontrolle der Richtigkeit der Abrechnungsdaten
- Kontrolle der Wirksamkeit des internen Kontrollsystems
- Unterstützung bei der Durchsetzung der Geschäftspolitik

Aufgrund der Größenordnung von verfügbaren Datenbeständen wird es heute schon fast unmöglich, die Richtigkeit der Abrechnungsdaten bzw. die Wirksamkeit des internen Kontrollsystems beurteilen zu können. Wenn keine umfassenden Analysen erstellt werden, kann durch die Revision auch keine Unterstützung bei der Durchsetzung der Geschäftspolitik gewährleistet werden.

Eine moderne und zielführende Unternehmensleitung ist jedoch an qualifizierten Aussagen seitens der Revision zu den vorgenannten Themen interessiert.

3   Entwicklungstendenzen in der Internen Revision

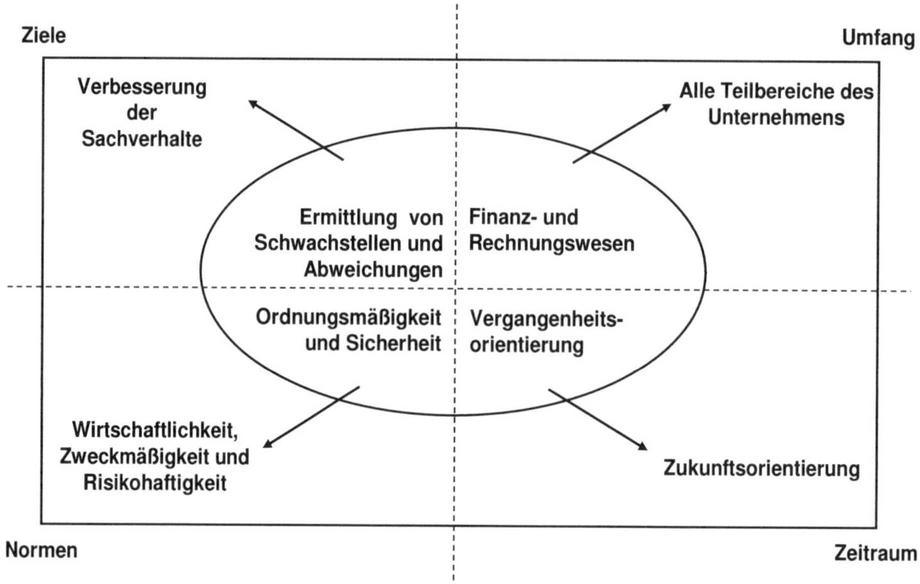

Ziele   Umfang

Verbesserung
der
Sachverhalte

Alle Teilbereiche des
Unternehmens

Ermittlung von   Finanz- und
Schwachstellen und   Rechnungswesen
Abweichungen

Ordnungsmäßigkeit   Vergangenheits-
und Sicherheit   orientierung

Wirtschaftlichkeit,
Zweckmäßigkeit und
Risikohaftigkeit

Zukunftsorientierung

Normen   Zeitraum

Abb. 1: Neuausrichtung der Internen Revision

Die Entwicklung der Internen Revision lässt sich an folgenden vier Eckpunkten darstellen:

Umfang
Früher lag der Schwerpunkt einer Internen Revision klar im Bereich des Finanz- und Rechnungswesens. Heute ist es jedoch so, dass es für eine moderne Revision keine **Tabuthemen** in einem Unternehmen geben darf. Dies bedeutet, dass wir auch die Bereiche Produktion, Technik, Beschaffung, Personal, Forschung und Entwicklung, Datenverarbeitung etc. ins Prüfungsvisier aufnehmen müssen.

Zeitraum
Die klassische Revision hat einen vergangenheitsorientierten Ansatz, mit der Folge, dass sich die Berichterstattung ausschließlich auf festgestellte Fehler zurückliegender Zeiträume bezieht.

Eine derartige Betrachtung macht jedoch nur Sinn, wenn die sich ergebenden Feststellungen dazu genutzt werden, Verbesserungen für die Zukunft abzuleiten. Das bedeutet, dass den geprüften Bereichen nicht nur die Schwachstellen oder Abweichungen präsentiert sondern auch Lösungen und Empfehlungen unterbreitet werden, die, je nach Bedeutung, sogar in Unterstützungsmaßnahmen münden können. Eine so ausgerichtete Revision hat es geschafft, nicht nur zu prüfen sondern auch zu beraten, was sowohl der Unternehmensleitung als auch dem geprüften Bereich hilft.

Normen

Wenn sich die Revision zukunftsorientierten Fragen widmet, so ergibt sich zwangs-läufig auch eine Veränderung von Ordnungsmäßigkeit und Sicherheit hin zum un-ternehmerischen Ansatz mit dem Ziel der Wirtschaftlichkeit, Zweckmäßigkeit und Risikohaftigkeit. Unter Berücksichtigung dieser veränderten Normen ist eine Un-ternehmensleitung in der Lage, Positionierungen der Revision zielgerichtet umzu-setzen.

Ziele

Als letzter veränderter Punkt sind die Ziele zu nennen. Auch hier wirken die vorge-nannten Veränderungen mit Hilfe der verbesserten Prüfungsergebnisse auch hin zu besseren Aussagen für die Unternehmensführung. Um dies jedoch erreichen zu können, müssen die Feststellungen der Revision auch auf einer breiten Datenbasis aufgebaut sein, um auch belastbare Entscheidungen für die Zukunft zu bekommen.

4   Revisionsansatz

Wie bereits erwähnt, hat sich der Revisionsansatz nicht zuletzt durch die Globali-sierung und Veränderung der Konzerne zwangsläufig verändert. Standen früher die einzelnen funktionalen Bereiche im Vordergrund, so stellen heute die Geschäfts-prozesse den Schwerpunkt dar.

Bedingt durch Einzelfallprüfungen bestand keine gesicherte Grundlage mittels Hochrechnungen der Unternehmensleitung das wahrscheinliche Ausmaß der Fest-stellungen zu vermitteln. Um jedoch für die Zukunft Maßnahmen einleiten zu kön-nen, müssen fundierte Daten vorliegen. Dies setzt voraus, dass Einzelfeststellungen auf einer gesicherten Basis hochgerechnet werden und somit zu einer gewichteten und bewerteten Aussage führen.

Bisher
– Funktional
– Organisationseinheiten
– Gesellschaft bezogen
– Mix von Ordnungsmäßigkeit und Systemprüfungen
– Berichtsaussagen mehr auf Einzelfälle bezogen

Zukünftig
- Geschäftsprozesse
- Globaler Ansatz unabhängig von Gesellschaftsstrukturen
- Umfangreichere Datenauswertungen mit Fallprüfungen
- Einzelfälle auf gesicherter Basis hochrechnen
- Unterstützung bei zukünftigen geschäftspolitischen Entscheidungen

5 Fazit

Der über Jahrzehnte immer wieder verbesserte Ist-Zustand wurde den Vorstellungen und Wünschen einer zukunftsorientierten Revision gegenübergestellt und ergab folgendes Bild:

Bisher
- Methoden und Werkzeuge erfüllen nur die klassischen Revisionsaufgaben.
- Methoden ermöglichen keine globale Betrachtung.
- Methoden ermöglichen keine Unterstützung bei geschäftspolitischen Entscheidungen.

Zukünftig
- Einheitliche Datenbasis schaffen
- Vergleichbarkeit herstellen
  - Unterschiedliche Unternehmensbereiche
  - Regionen
- Zusammenfassung von Beteiligungsgesellschaften
- Verlässliche Hochrechnung von Ergebnissen zwecks Entscheidungshilfe
- Optimierung der Kapazitäten in der Revision

Besonders problematisch wird bei global aufgestellten Konzernen, welche neben der rechtlichen Ausrichtung noch zusätzlich durch virtuelle Organisation gesteuert werden, die Aufbereitung und Analyse von Daten aus verschiedenen Gesellschaften und Regionen.

Für das Management kommt es in diesen Fällen nicht mehr auf die isolierte Betrachtung einzelner Gesellschaften an, sondern auf den gesamten Unternehmensbereich oder die Region. Diese Anforderungen kann die Revision mit den bisherigen Werkzeugen nicht bzw. nur eingeschränkt erfüllen.

6 Massendatenanalyse

6.1 Ausgangssituation

Generell kann konstatiert werden, dass das ERP-System SAP R/3 das strategische System in der Bayer-Welt und vieler weltweit agierender Konzerne darstellt. Bei einer nüchternen Betrachtung muss festgestellt werden, dass diese Tatsache die Arbeitsweise von Konzernrevisionen noch nicht grundlegend erfasst hat. Diese Feststellung bezieht sich weniger auf inhaltliche Fragestellungen, die keinem so starken Wandel unterliegen, sondern auf die technische Umsetzung inhaltlicher Fragestellungen. Hierbei wird leicht übersehen, dass der flächendeckende Einsatz von SAP R/3 einen großen Vorteil hat: Die Tabellenstrukturen der für Revisionsfragestellungen relevanten Fragestellungen unterliegen seit geraumer Zeit keinen Änderungen. So ist es also denkbar, eine Fragestellung einmal zu programmieren und unbegrenzt häufig auf verschiedenen Systemen anzuwenden. Dieses ausgesprochen synergetische und standardisierte Vorgehen ist in wenigen Worten der Kerngedanke des Massendatenanalyse-Projektes STAAN der Konzern-Revision der Bayer AG. Denkbar ist so auch eine Vergleichbarkeit von Gesellschaften bzw. Regionen. Unsere Analysen haben ergeben, dass aufgrund der Fülle der Datenbestände eine Entwicklung der Prüfschritte nur mit der Massendatenanalysesoftware ACL (Audit Command Language) in Betracht kam.

Der innovative Ansatz erlaubte auch die Realisierung bisher kaum umsetzbarer Fragestellungen ins Auge zu fassen. Hierbei handelte es sich vorrangig um Prüfungsthemen, die bis dato aufgrund der Größenordnung der Datenbestände nicht umfassend geprüft werden konnten. Hier sei beispielhaft der Bereich zu Unrecht in Anspruch genommene Skontobeträge oder Doppelzahlungen erwähnt.

In Vorbereitung des Projektes haben wir zahlreiche und tiefgreifende Gespräche mit Beratungsgesellschaften und Wirtschaftsprüfungsgesellschaften geführt. Leider konnten von diesen unsere spezifischen Wünsche nicht erfüllt werden. Dies war dann auch der Grund, warum wir uns mit einem eigenen Team und der dab: GmbH an die Erarbeitung von Lösungsansätzen sowie Skripten herangetraut haben.

6.2 Herausforderungen

Die Herausforderungen, denen wir Anfangs gegenüberstanden, lassen sich wie folgt unterteilen:

– Berechtigungen für relevante SAP R/3 - Systeme
– Extraktion von Massendaten
– Schaffung einer Toolbox für Massendatenanalyen

Die Erlangung von **Berechtigungen für relevante SAP R/3 – Systeme**[1] musste unsererseits mit einer umfangreichen informationellen Begleitung erfolgen. Diese Tatsache resultierte aus dem innovativen Vorgehen, das wir eingeschlagen hatten und fallweise eine intensive zeitaufwendige Kommunikation erforderlich machte.

Nachdem alle Hemmnisse der Berechtigungen überwunden waren, galt es sich der nächsten Herausforderung, der **Extraktion der Massendaten**, zu stellen. Im Gegensatz zu den Berechtigungen erwies sich der Download als sehr schnell lösbar. Diese Tatsache ist dem DAB-Exporter geschuldet, einer Inhouse-Entwicklung der dab: Gmbh, die einen sicheren und zügigen Datendownload ermöglicht. Dabei spielt es keine herausragende Rolle, an welchem geografischen Ort der Welt die Daten physisch abgelegt sind. So ist es gleichgültig, ob digitale SAP R/3 – Daten in Leverkusen, Singapur, Pittsburgh usw. liegen.

Problematischer erweist sich die **Schaffung einer Toolbox für Massendatenanalyen.** Um Abfragen in ACL zu erstellen, müssen zunächst die entsprechenden Buchungslogiken in den jeweiligen SAP-Modulen erkundet werden. Sodann muss verstanden, in welchen SAP-Tabellen und bzw. –Tabellenfeldern für Revisionsfragestellungen relevante Daten abgelegt werden. Dieser Prozess, der vor der eigentlichen Programmierung und Anwendung von Prüfschritten stattfindet, ist enorm ressourcen- und zeitintensiv. Um diesen Flaschenhals-Effekt erfolgreich entgegenzuwirken, wurde die anfänglich knappe Personalausstattung nach oben korrigiert. Im Zuge der Erkundung von SAP-Systemen mussten wir häufig das Phänomen der ‚nicht bestimmungsgemäßen Nutzung' von SAP-Systemen machen. Was verbirgt sich hinter diesem sperrigen Begriff? Dahinter verbergen sich Anwendungsgewohnheiten von SAP-Usern, die, ohne an dieser Stelle eine Wertung vorzunehmen, SAP nicht so nutzen wie ursprünglich vorgesehen. Das bezieht sich sowohl auf Prozesse als auch auf die Nutzung von SAP-Tabelleneinträgen. Auf der Prozessebene kommt es beispielsweise vor, dass, obwohl ca. 20 verschiedene Arten der Gutschriftenabwicklung definiert sind, 95 % aller Gutschriften nur durch nur eine Art der Abwicklung (SAP-Belegart) abgewickelt werden. Auch die Nutzung von Tabellenfeldern findet entweder nicht oder nicht wie vorgesehen statt, so dass die Aussagekraft von massendatenbasierten Analysen immer kritisch hinterfragt werden muss.

---

[1] Unter relevanten SAP R/3 – Systemen werden die Produktivsysteme der Gesellschaften verstanden, die regelmäßig von der Revision geprüft werden. Dazu zählen nicht Entwicklungs-, Test-, Business Data Warehouse-Systeme etc.

6.3   Zwischenfazit des STAAN-Projekts

Trotz einiger Hürden fällt ein Zwischenfazit des STAAN-Projekts durchweg positiv aus:

Datenbeschaffung und frühzeitige risikoorientierte Datenanalyse
Es ist nun möglich Daten lange vor einer Prüfung zu extrahieren und risikoorientiert zu analysieren, um zielgerichtet in eine Prüfung ‚einzusteigen'. Diese Tatsache kann nicht hoch genug eingeschätzt werden, da normalerweise Daten insbesondere bei Auslandsprüfungen erst bei Ankunft in der Gesellschaft zur Verfügung gestellt werden. Dabei kommt es erfahrungsgemäß häufig zu einem breiten Spektrum von Missverständnissen.

Prüfen auf Basis von Grundgesamtheiten
Im Gegensatz zu konventionellen Prüfungen im SAP-Umfeld können mit Hilfe des massendatenbasierten Vorgehens Prüfungen auf Basis von Grundgesamtheiten durchgeführt werden. Was bedeutet das? Konventionelle SAP-Downloads in das MS Excel-Format erlauben naturgemäß nur einen eingeschränkten Downloadumfang, der einer willkürlichen Stichprobe entspricht, z. B. Bestellungen der Monate März und April eines Jahres. Die Grundgesamtheit erlaubt die Extraktion von Bestelldaten von z. B. drei Jahren. Aussagen, logische Schlüsse und insbesondere Revisionsempfehlungen, die auf Grundgesamtheiten fußen, schalten saisonale und zufällige Schwankungen aus und sind somit wesentlich aussagekräftiger und belastbarer und wirken sehr ökonomisch auf Berichtsabschlussbesprechungen, da Zahlen nur noch selten Gegenstand der Diskussion sind.

Quantifizierung von risikobehafteten Transaktionen
Ein Ausweg bei Prüfungen, die auf einer nicht sehr umfänglichen Datenbasis gründen, sind Hochrechnungen und Extrapolationen. Diese stellen jedoch hinsichtlich Ergebnis und Methode zu Recht ein Problem dar. Bei Massendatenprüfungen ist es jedoch möglich, risikoreiche Transaktion mit einem exakten Volumen anzugeben. Im Folgenden werden einige Beispiele genannt, die ein Risiko darstellen:

– **CpD-Zahlungen**
    Missbräuchlich getätigte CpD-Zahlungen stellen aufgrund ihrer Intransparenz ein Risiko dar, da kreditorische Zahlungen von anonymen Sammelkonten erfolgen.

– **Rechnungen ohne Bestellungen**
    Referenziert eine Rechnung nicht auf eine Bestellung ist die Rechnungsprüfung erschwert. Im Extremfall kann die Abrechnung einer nicht erbrachten Lieferung oder Leistung vorliegen (Scheinleistung), die mit erheblichen wirtschaftlichen Nachteilen verbunden sein kann.

67

– **Lieferung zum Nullwert**

Muster oder Warenproben werden normalerweise zum Nullwert fakturiert. Allerdings muss dieses Vorgehen durch eine intensive Kontrolle begleitet werden, um sicherzustellen, dass keine regulären Warensendungen zum Nulltarif versandt werden. Auch hier können Menge und Wert von Lieferungen zum Nullwert ermittelt werden.

– **Skontoverluste**

Häufig kommt es vor, dass Skonti, obwohl entsprechende Fristen verstrichen sind, dennoch „gezogen" werden, obwohl diesem Vorgehen die Grundlage entzogen ist. Auch durch die Inanspruchnahme unberechtigter Skonti können finanzielle Nachteile entstehen, die z. B. auf Jahresbasis für mehrere Jahre ausgewiesen werden können.

Flankierend können die Erkenntnisse auch graphisch aufbereitet werden, so dass auf einen Blick auch Tendenzaussagen über den Verlauf der Merkmalsausprägung über einen Zeitraum hinweg abgeleitet werden können.

6.4 Projekterkenntnisse

Nach nunmehr 3 ½ Jahren kann gesagt werden, dass wir in der Projektphase Höhen und Tiefen erlebt haben. Die anfangs euphorisch verkündete Geschwindigkeit wich sehr schnell der Realität, da wir feststellen mussten, dass dieses Projekt wegen fehlender Angebote auf dem Markt als Forschungs- und Entwicklungsprojekt eingestuft werden musste. Die klassische unternehmerische Entscheidung „make or buy" hat sich in dieser Form nie gestellt, da die Lösung zu unserem Problem nicht am Markt käuflich zu erwerben war. Es handelte sich eher um die Entscheidung „machen oder nicht machen". Schnell war klar, dass wir die Alternative „machen" bevorzugten. Die Umsetzung von Revisionsfragestellungen in massendatenbasierte Prüfschritte erwies sich für einen Revisor als ein absolut neues Feld, da wir uns ohne einen Soll-/Ist-Vergleich bewegen mussten und die Kreativität des gesamten Teams gefragt war. Da die Konzern-Revision der Bayer AG eine Vorreiterrolle bei der Massendatenanalyse für Industrieunternehmen einnimmt, konnte auf kein Erfahrungswissen von anderen Unternehmen, Verbänden, Arbeitskreisen usw. zurückgegriffen werden.

Die Tatsache, dass eine Problemlösung nicht auf dem Markt gekauft werden konnte, grenzt dieses Projekt von anderen Softwareprojekten ab – und macht es auch wesentlich anspruchsvoller und schwieriger.

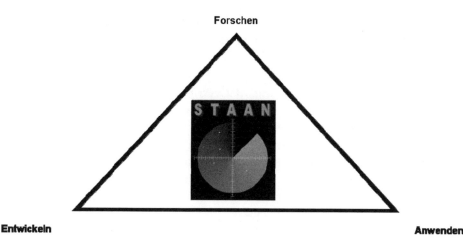

Abb. 2: STAAN: Forschen – Entwickeln – Anwenden

Vergleicht man unser Projekt mit einer SAP R/3 Implementation besteht der grundlegende Unterschied darin, dass im Zuge einer Implementation eine *bestehende* Software auf die Prozess- bzw. Datensituation eines Unternehmens angepasst und angewendet wird. Bevor wir zur Anwendung eines Prüfschrittes gelangen, müssen allerdings noch umfangreiche Forschungs- und Entwicklungsarbeiten geleistet werden. Hiermit sind diese beiden Begriffe nicht im streng akademischen Sinne gemeint. Der kritische Punkt – und das ist bis heute der Fall – ist das SAP R/3 – Verständnis, das in der Tiefe und Detaillierung, für jede Fragestellung mühsam erarbeitet werden muss. Aus diesem Grund hat sich die Einbindung abteilungsübergreifenden SAP R/3 Know-hows als einer der wichtigsten Erfolgsfaktoren herauskristallisiert. Das Projekt kann also ohne Einschränkung als innovative Produktentwicklungskooperation bezeichnet werden. Das Projekt wurde von uns STAAN – Standard Audit Analysis – getauft, um zum Ausdruck zu bringen, dass der Fokus auf der Unterstützung von konventionellen Revisionsprüfungen liegt.

Ein weiterer Punkt, der zu Anfang des STAAN-Projekts noch nicht auf der Agenda stand, war die Tatsache, dass das komplexe Wissen auch vermittelt werden muss. Ein ganz wichtiger Faktor für eine zielorientierte Entwicklung und erfolgreiche Umsetzung ist also eine integrierte SAP-ACL-Schulung der Revisionsmitarbeiter. Unsere Versuche, ein Schulungsangebot speziell mit diesem Inhalt zu bekommen, liefen ins Leere. Die Situation am Markt ist dadurch charakterisiert, dass zumindest das SAP-Schulungsangebot entweder eher anwender- oder technikorientiert ist. Da unsere Schulung Wissen in beiden Disziplinen vermitteln soll, standen wir auch hier vor der „machen oder nicht machen"-Frage und entschieden uns für die Alternative „machen". Die integrierte SAP-ACL-Schulung wurde auf einem revisionseigenen Schulungsmandanten eines SAP-Schulungssystem realisiert. Die Schulung wurde von vornherein äußerst flexibel in der Modulbauweise konzipiert. So können kreditorische oder/und debitorische SAP-Schulungen mit und ohne ACL-Teil vermittelt werden.

Die Bedeutung der Erarbeitung von ACL-Skripten für Massendaten führte dazu, dass wir dieses Aufgabengebiet nicht im Rahmen der normalen Revisionstätigkeit mit abdecken konnten. Für diesen Zweck haben wir ein eigenes Referat installiert. In diesem Referat sind heute vier interne und ein bis zwei externe Mitarbeiter tätig. Diese Entscheidung ist in der Rückwärtsbetrachtung auch absolut richtig gewesen. Selbst mit der Spezialistentruppe kommen wir immer wieder an Grenzen heran, die uns aufgrund der Fülle der zu berücksichtigenden Prüfungsfelder gesetzt werden.

Wenn man sich für den Weg der Analyse von Massendaten entschieden hat, so ist das mit einem hohen finanziellen Aufwand verbunden, der jedoch als Investition für die Zukunft angesehen werden kann.

7   Schlussfolgerung

Abschließend möchte ich sagen, dass Massendatenanalyse ein Zukunftswerkzeug der Revision ist. Für mich ist eine modern, unternehmerisch handelnde Revision ohne diese Werkzeuge nicht mehr denkbar. Die fortschreitende Akzeptanz von Massendaten basierten ACL-Prüfschritten in der Industrie und Dienstleistung ist hierfür ein untrügliches Zeichen.

Continuous Controls Monitoring als Basis der Zusammenarbeit zwischen der Internen Revision und der Wirtschaftsprüfung

Hubert Baumgartner
Sachverständiger für Wirtschaftskriminalität
Certified Fraud Examiner
hubert.baumgartner@mazars.de

Klaus Singer
Wirtschaftsprüfer
Certified Fraud Examiner
klaus.singer@mazars.de

MAZARS Hemmelrath
Rennbahnstraße 72-74
60538 Frankfurt am Main
Deutschland
www.mazars.de

Inhaltsverzeichnis

Kurztext

Die Zusammenarbeit zwischen der Internen Revision eines Unternehmens und dem externen Abschlussprüfer muss und wird sich in der Zukunft intensivieren. Auf der einen Seite stehen Wirtschaftsprüfer und Wirtschaftsprüfungsgesellschaften unter zunehmendem Preisdruck bei gleichzeitig verkürzter Prüfungszeiträumen und immer komplexer werdenden Prüfungsinhalten. Auf der anderen Seite gibt es die gleichen Tendenzen in der Internen Revision, sodass auch hier bei stets zunehmenden Anforderungen die Qualität der Arbeit und vor allem der Ergebnisse beibehalten werden soll ohne dabei zusätzliche Ressourcen zu mobilisieren zu müssen bzw. Kosten zu verursachen.

Die Implementierung eines Continuous Controls Monitoring Systems kann hierbei für beide Seiten der Schlüssel zur Lösung dieser unlösbar scheinenden Aufgabe sein. Continuous Controls Monitoring führt zu einem Austausch von betrieblichen unternehmensinternen Kenntnissen der Internen Revision und externem Expertenwissen der Wirtschaftsprüfer und kann so die Effizienz der Interne Revision als auch die des Wirtschaftsprüfers erhöhen. Darüber hinaus kann es als Plattform für die Zusammenarbeit beider prüfenden Instanzen dienen und diese fördern.

Schlüsselwörter

Continuous Controls Monitoring; Reduzierung von Betriebsrisiken; Früherkennung von Betrug; Optimierung von Prozessen; Prävention von Wirtschaftskriminalität

1 Ausgangssituation

1.1 Interne Revision

Die Interne Revision ist eine unternehmensinterne, relativ unabhängige Unterstützung der Unternehmensführung mit Prüfungsfunktion. Durch objektive Analysen, Gutachten, Empfehlungen und passenden Erklärungen über geprüfte Vorgänge entlastet die Interne Revision die Führungskräfte. Die Interne Revision grenzt sich durch ihre Verfahrensorientiertheit und der nur fallweisen Tätigkeit zum ergebnisorientierten Controlling ab *(vgl. BBK 1998 S. 575).*

Die Interne Revision handelt nicht nach gesetzlichen Normen, sondern nach den Standards für die berufliche Praxis.[2] Danach dient die Interne Revision den folgenden Zwecken:

- Ermittlung der Ordnungsmäßigkeit und Richtigkeit,
- Vermittlung der Glaubwürdigkeit,
- Wirtschaftlichkeit und Zweckmäßigkeit,
- Aufdecken von Fehlern und Fehlerursachen und
- Verbesserung des Betriebsgeschehens.

Die Interne Revision hat neben der Funktion der Überwachung (Prüfung und Kontrolle) auch die Aufgabe der Betreuung (Begutachtung und Beratung). So zählen zu den klassischen Aufgaben:

- Prüfungen im Bereich des Finanz- und Rechnungswesens,
- Prüfungen im organisatorischen Bereich,
- Prüfungen der Managementleistungen und
- Beratung und Begutachtung sowie Entwicklung von Verbesserungsvorschlägen.

1.2 Wirtschaftsprüfung

Wirtschaftsprüfer führen betriebswirtschaftliche Prüfungen gemäß § 2 Abs. 1 WPO durch. Maßgeblich prägen die Tätigkeit des Wirtschaftsprüfers die Vorbehaltsaufgaben, die durch Gesetz vorgeschriebene Prüfungen von Jahresabschluss / Lagebericht sowie Konzernabschluss / Konzernlagebericht nach §§ 316ff. HGB durchzuführen und Bestätigungsvermerke über die Vornahme und das Ergebnis solcher Prüfungen zu erteilen. Dies umfasst auch Prüfungen von nach international anerkannten Rechnungslegungsgrundsätzen aufgestellten Jahres- und Konzernabschlüssen und sonstige gesetzlich vorgeschriebene Prüfungen, wie zum Beispiel Sonderprüfungen nach dem Aktiengesetz. Auch freiwillige Jahresabschlussprüfungen sind Wirtschaftsprüfern und (bei bis zu mittel-großen Kapitalgesellschaften) vereidigten

---

[2] Herausgegeben vom Institute of Internal Auditors (IIA).

Buchprüfern vorbehalten. Darüber hinaus werden Beratungs-, Gutachter- und Treu-
handtätigkeiten vom Wirtschaftsprüfer übernommen.

1.3 Derzeitige Zusammenarbeit von Interner Revision und Wirtschaftsprüfer

Oftmals findet man in der beruflichen Praxis eine Koexistenz beider Institutionen
oder maximal eine lose Koordination. Gemeinsame Ziele sind die Ermittlung der
Ordnungsmäßigkeit und Richtigkeit, die Erhöhung der Glaubwürdigkeit des Ab-
schlusses und das Aufdecken von Fehlern und Fehlerursachen. Beide Parteien müssen ihre Prüfungshandlungen unter der Restriktion von Wirtschaftlichkeit und
Zweckmäßigkeit planen und durchführen.

Die Gleichläufigkeit der Zielsetzungen verdeutlicht die wesentliche Bedeutung der
Zusammenarbeit zwischen Interner Revision und Wirtschaftsprüfung nicht nur bei
der handelsrechtlichen Abschlussprüfung. Eine weitreichende Kooperation zwischen Internen Revision und Wirtschaftsprüfung wäre daher nicht nur aus ökonomischen Gesichtspunkten wünschenswert.

2 Zukünftige Entwicklungen der Zusammenarbeit

2.1 Anforderungen an die Interne Revision für die Zusammenarbeit

Die aktuellen Entwicklungen zeigen, dass das interne Kontrollsystem vermehrt im
Fokus von gesetzlichen Regelungen steht (z. B. SOX 404, BilMoG). Dies bedeutet,
dass immer komplexere Aufgabenstellungen sowohl an die Interne Revision als
auch an den Wirtschaftsprüfer gestellt werden. Gleichzeitig wird aber von der Internen Revision als auch vom Wirtschaftsprüfer verlangt, in immer kürzerer Zeit
und mit immer mehr begrenzten Ressourcen qualitativ hochwertig Dienstleistungen
zu erbringen. Auch die Anforderungen an die Qualifikation und Weiterbildung werden weiter zunehmen.

Die folgenden Anforderungen an die Interne Revision sind berufsrechtlich notwendig, damit sich die Wirtschaftsprüfer auf die Ergebnisse der Internen Revision stützen und verwerten können:

–   Einhaltung der Berufsethik (Rechtschaffenheit, Objektivität, Vertraulichkeit und
    Fachkompetenz),
–   Einhaltung der Standards für die berufliche Praxis der Internen Revision, insbe-
    sondere
    –   Unabhängigkeit (weisungs- und prozessbezogen) und Objektivität,
    –   Fachkompetenz und berufliche Sorgfaltspflicht,
    –   Programm zur Qualitätssicherung und -verbesserung,

- ordnungsgemäße Art und angemessener Umfang der Tätigkeit,
- angemessene quantitative und qualitative Personal- und Sachausstattung,
- laufende Abstimmung und regelmäßige Treffen mit dem Wirtschaftsprüfer und
- Unterrichtung des Wirtschaftsprüfers in allen relevanten Fragestellungen.

Allerdings ergeben sich auch Grenzen der Zusammenarbeit, die im IIR Revisionsstandard Nr. 1 (Zusammenarbeit von Interne Revision und Abschlussprüfer) genannt werden:

Der Abschlussprüfer hat gewissenhaft zu prüfen, in welchem Maße er die Ergebnisse der Internen Revision verwerten kann. Die Ergebnisse der Internen Revision dürfen jedoch die eigenen Prüfungshandlungen des Abschlussprüfers nicht ersetzen.

Die Interne Revision ist wie bereits dargestellt ein Teil des Unternehmens. Die Ziele und Aufgaben der Internen Revision werden maßgeblich durch die gesetzlichen Vertreter des Unternehmens im Rahmen ihrer Geschäftsführungsverantwortung vorgegeben. Die interne Revision ist damit, abgesehen vom Grad der eingeräumten Autonomie, nicht in dem Maße unabhängig, wie dies der Wirtschaftsprüfer bei der Prüfung des Jahresabschlusses und Konzernabschlusses sein muss *(vgl. IDW PS 321, Tz. 13)*.

2.2 Anforderungen an den Wirtschaftsprüfer für die Zusammenarbeit

Die Verwertung der Ergebnisse der Interne Revision wird durch die wachsende Komplexität der betrieblichen Prozesse und des Rechnungswesens bei der Prüfung der Ordnungsmäßigkeit des Rechnungswesens und der Abschlüsse von Unternehmungen immer bedeutsamer. Die Verwertung von Berichten oder Memos der Internen Revision ermöglicht es, die Art und den zeitlichen Ablauf der durch den Wirtschaftsprüfer durchzuführenden Prüfungshandlungen anzupassen und deren Umfang gegebenenfalls zu verringern *(vgl. IDW PS 321, Tz. 13)*.

Die Interne Revision ist ein Teil des zu prüfenden Unternehmens, daher kann der Wirtschaftsprüfer aufgrund dieser eventuellen Abhängigkeit die Arbeiten der Internen Revision nicht ohne weiteres für die Jahresabschlussprüfung übernehmen. Der IDW Prüfungsstandard „Interne Revision und Abschlussprüfung" *(IDW PS 321)* behandelt das Thema der Zusammenarbeit zwischen Interner Revision und Wirtschaftsprüfung im Rahmen von Abschlussprüfungen und betont im Wesentlichen die folgenden Aspekte:

Der Wirtschaftsprüfer muss im Rahmen der Entwicklung der Prüfungsstrategie eine Einschätzung der Wirksamkeit der Internen Revision vornehmen. Zur Einschätzung der Auswirkungen der Arbeit der Internen Revision auf das Kontrollrisiko, ist bei der Prüfungsdurchführung zu beurteilen, ob das Vorgehen und der Umfang der Arbeiten der Internen Revision angemessen waren und ob die im Rahmen der Prüfungsplanung vorgenommene Einschätzung der Wirksamkeit der Internen Revision zutreffend war. Zur vorläufigen Einschätzung der Wirksamkeit der Internen Revision kann unter anderem abzuschätzen sein:

– ob die Arbeit durch Personen mit ausreichender fachlicher Ausbildung und Fähigkeit durchgeführt und die Mitarbeiter angemessen angeleitet und überwacht sowie deren Arbeiten ausreichend dokumentiert wurden,
– ob angemessene und ausreichende Prüfungsnachweise vorliegen, die eine hinreichende Grundlage für die getroffenen Schlussfolgerungen bilden,
– ob diese Schlussfolgerungen den von der Internen Revision erfassten Sachverhalten entsprechen und ob die angefertigten Berichte mit den durchgeführten Arbeiten übereinstimmen,
– ob ungewöhnliche Sachverhalte, die der Internen Revision aufgefallen sind, ordnungsgemäß geklärt wurden und
– ob die Interne Revision die Umsetzung ihrer Empfehlungen überwacht *(vgl. IDW PS 321, Tz 14).*

Des Weiteren hat der Wirtschaftsprüfer zu beurteilen, ob das Vorgehen und der Umfang der Arbeiten der Internen Revision angemessen waren. Hierzu wählt der Wirtschaftsprüfer einzelne Projekte aus und überprüft anhand dieser die Arbeit der Internen Revision. Er überprüft, ob die Arbeiten durch Personen mit ausreichender fachlicher Ausbildung durchgeführt wurden, angemessene und ausreichende Prüfungsnachweise vorliegen, die Schlussfolgerungen aus den erfassten sachgerecht getroffen, die Prüfungsberichte konsistent mit den Arbeitsergebnissen sind und ob ungewöhnliche Sachverhalte geklärt wurden *(vgl. IDW PS 321 Tz. 22 ff.).*

Für eine effektive Zusammenarbeit ist eine enge Abstimmung mit der Internen Revision sinnvoll. Dazu verschafft sich der Wirtschaftsprüfer einen Überblick über das Arbeitsprogramm der Internen Revision in der Abschlussperiode sowie über die Arbeitsergebnisse, sofern der Wirtschaftsprüfer diese verwerten möchte.

Eine stärkere Zusammenarbeit durch Eingliederung des Personals der Internen Revision sowie anderer Mitarbeiter des geprüften Unternehmens in das Prüfungsteam des Wirtschaftsprüfers ist berufsrechtlich nicht möglich *(vgl. IDW PS 321 Tz. 27).*

Abgeschlossenen Prüfungshandlungen der Internen Revision, beispielsweise körperliche Bestandsaufnahmen im Rahmen der Inventur, Kassen- und Kassenverkehrsprüfungen, die im Laufe des Geschäftsjahres von der Internen Revision durchgeführt worden sind, können nicht an die Stelle gleichartiger Prüfungshandlungen des Wirtschaftsprüfers treten und dürfen nicht als vorweggenommener Teil der Jahresabschlussprüfung angesehen werden *(vgl. WP-Handbuch 2006, R 766).*

3   Continuous Controls Monitoring

3.1   Was ist Continuous Controls Monitoring?

Continuous Controls Monitoring (CCM) ist eine vollautomatische elektronische Prüfung, die durch eine in die IT-Landschaft des Unternehmens implementierte Software (CCM-Lösung) gesteuert wird. Diese wird zur kontinuierlichen und unabhängigen Analyse und Prüfung von Geschäftsprozessen verwendet und dient der Verbesserung der:

– Internen Kontrollen,
– Reduzierung von Betriebsrisiken,
– Früherkennung von Betrug und
– Optimierung der Effizienz von Geschäftsvorgängen.

3.2   Der Ansatz von CCM

CCM ist wie bereits erwähnt, eine vollautomatische elektronische Prüfung der Unternehmensdaten innerhalb von Geschäftsprozessen. Dabei werden diese Unternehmensdaten dahingehend überprüft, ob mögliche Verstöße gegen vordefinierte Normen vorliegen. Dabei handelt es sich sowohl um interne als auch um externe Normen, welche für das Unternehmen relevant und demzufolge einzuhalten sind.

Mithilfe einer CCM-Lösung kann die Einhaltung von Normen automatisiert überprüft und getestet werden. Heutzutage werden fast alle Geschäftsvorfälle irgendwo in den IT-Systemen eines Unternehmens abgebildet. Diese Geschäftsvorfälle in digitaler Form bilden die Basis von CCM. Dabei wird festgelegt, welche Prüfungen man im Unternehmen permanent durchführen will und kann. In der Praxis verbreitete Lösungen spiegeln die Unternehmensdatendaten auf einen separaten Analyseserver. Die Verarbeitung bzw. Prüfung der Daten erfolgt anschließend zu vorgegebenen Zeiten und unabhängig vom ERP-System des Unternehmens. Dabei werden die gespiegelten Daten mithilfe von hinterlegten Tests, welche die für das Unternehmen relevanten Normen abbilden, auf Regelverstöße (Ausnahmen und Auffälligkeiten) hin überprüft. Transaktionen, welche nicht den gewünschten Normen entsprechen, werden herausgefiltert.

Entwicklungen zeigen, dass man in Zukunft auch versuchen wird, die Prüfung der Unternehmensdaten in Echtzeit durchzuführen, d. h. direkt auf den Unternehmensprozessen aufsetzend. Entscheidend dafür ist sicherlich die Frage, inwieweit ein sofortiges Einschreiten aufgrund von möglichen Regelverstößen erforderlich ist.

Denkbar wäre eine Echtzeitprüfung z. B. bei der Eingabe von Neukunden bei einer Bank, hingegen wäre eine Echtzeitprüfung bei der Eingabe von Lieferantenrechnungen nur dann erforderlich, wenn unmittelbar nach der Rechnungserfassung die Zahlung erfolgt. Bei einem Zahlungsziel von mehreren Tagen wäre eine solche Echtzeitprüfung demzufolge nicht zwingend erforderlich, da ein Regelverstoß bis zur Zahlung herausgefiltert wird und die Zahlung somit noch rechtzeitig gestoppt werden kann.

Die von der CCM-Lösung bzw. durch die Tests erkannten Ausnahmen und Auffälligkeiten werden protokolliert und in einer Datenbank gespeichert. Dabei wird sichergestellt, dass die Daten nicht mehr verändert oder manipuliert werden können. Mittels eines Workflows (eMail oder ähnlich) können die gefilterten Ausnahmen und Auffälligkeiten an die Stellen weitergeleitet, die für die Aufklärung des Sachverhalts bzw. deren Überwachung zuständig sind.

Jeder weitere Schritt der Sachverhaltsaufklärung ist in der CCM-Lösung zu hinterlegen. Damit wird einerseits sichergestellt, dass die Ausnahmen und Auffälligkeiten geklärt werden und andererseits, dass die Sachverhaltsaufklärungen entsprechend dokumentiert und nachverfolgbar sind.

Die Erkenntnisse aus den Prüfungen können fortlaufend dazu genutzt werden, Risiken in Prozessen zu minimieren, das System an sich zu verfeinern und nicht zuletzt auch um die Geschäftsprozesse effizienter zu gestalten.

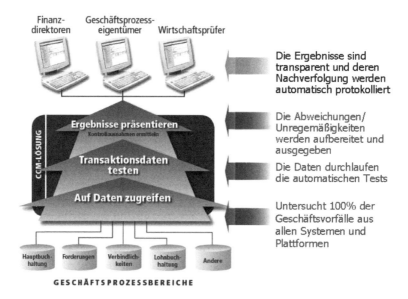

Abb. 1: CCM Lösungsmodell (*Quelle: ACL Services Ltd. 2008*)

In Abbildung 1 wird nochmals bildlich dargestellt, wie die CCM-Lösung funktioniert. Basierend auf den relevanten Geschäftsprozessbereichen werden die Daten auf den CCM-Server gespiegelt. Die Daten durchlaufen dann die vorher definierten Tests. Die Ausnahmen und Auffälligkeiten werden als Ergebnisse gespeichert und sind von den definierten Benutzerkreisen jeder Zeit einzusehen. Des Weiteren werden die Nachverfolgungen und die Ergebnisse auch in der CCM-Datenbank gespeichert.

Die CCM-Lösung sollte das COSO-Modell (siehe Abbildung 2) oder ein anderes anerkanntes Kontrollmodell unterstützen. Die CCM-Lösung selbst bildet beispielsweise im COSO-Framework die Elemente „Kontrollaktivitäten" und „Überwachung" ab.

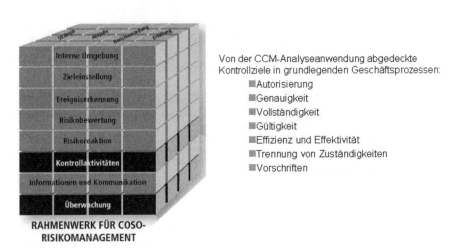

Abb. 2: COSO-Modell (*Quelle: ACL Services Ltd. 2008*)

Damit eine CCM-Lösung im Unternehmen auch die gewünschten Resultate bringt bzw. den erforderlichen Rückhalt hat und durchsetzbar ist, sollte die Verantwortung direkt beim Vorstand angesiedelt sein.

Die Prüfungen und die damit verbundenen Tests in der CCM-Lösung sollten den Unternehmensanforderungen gerecht werden. Die Prüfungen und damit verbundenen Tests müssen zielgerichtet sein, d. h. es kann nicht einfach ein Standard oder eine Standardsoftware ohne jegliche Anpassung implementiert werden. Dies bedingt, dass die CCM-Lösung flexibel und anpassungsfähig ist, um den aktuellen aber auch zukünftigen Anforderungen gerecht werden zu können. Weiter sollte sichergestellt werden, dass jeder Test, alle Ausnahmen und Auffälligkeiten sowie jeder Schritt der Sachverhaltsaufklärungen automatisch protokolliert und dokumentiert wird, denn nur so können die Effektivität und Nachprüfbarkeit sichergestellt werden. Weiter kann die vollständige Dokumentation auch als Planungsinstrument für den Wirtschaftsprüfer dienen.

3.3   Die Umsetzung von CCM

Im Vorfeld zur Implementierung einer CCM-Lösung werden die Unternehmensprozesse analysiert. Dabei wird festgelegt, welche Geschäftsprozessbereiche und Daten für die gewünschten Prüfungen relevant und wo im Unternehmen diese Daten verfügbar sind. Anhand des nachfolgenden Prozesses „Purchase-to-Payment" soll die CCM-Umsetzung mit möglichen Tests aufgezeigt werden.

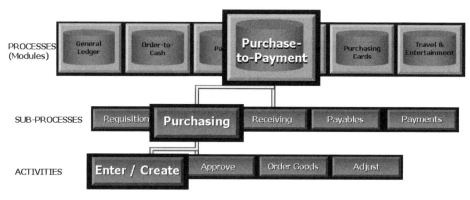

Abb. 3: Prozess „Purchase-to-Payment" (*Quelle: ACL Services Ltd. 2008*)

Die Abbildung 3 zeigt die verschiedenen Unternehmensprozesse im ausgewählten Unternehmensbereich. In unserem Beispiel gehen wir davon aus, dass wir den Prozess „Purchase-to-Payment" einem Continuous Controls Monitoring unterziehen wollen.

Der Prozess ist in die relevanten Sub-Prozesse zu unterteilen. In unserem Fallbeispiel sind dies die Sub-Prozesse der Bedarfsanforderung, der Einkauf, der Wareneingang, der Rechnungseingang sowie die Zahlung. Nachdem der Hauptprozess in die Sub-Prozesse unterteilt ist, sind die Sub-Prozesse (Abbildung 4) in die einzelnen Aktivitäten aufzugliedern.

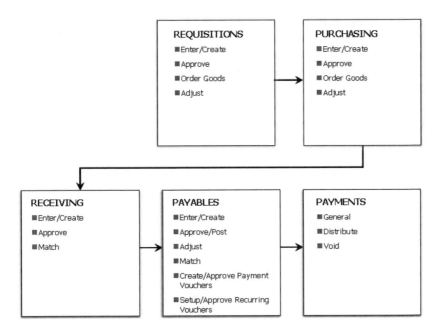

Abb. 4: Sub-Prozesse zu „Purchase-to-Payment" mit Aktivitäten
(*Quelle: ACL Services Ltd. 2008*)

Für jede Aktivität sind in der Folge die Kontrollziele zu bestimmen. Anschließend werden Tests entwickelt, um die Einhaltung der Kontrollziele zu prüfen. Als Beispiel könnten bei der Erfassung von Bestellungen nachfolgende Kontrollziele relevant sein (Abbildung 5):

Kontrollziele	Assertions
Alle notwendigen Daten wurden erfasst	Completeness
Alle erfassten Daten sind gültig	Validity
Nur genehmigte Bestellungen werden versendet	Authorization
Die Bestellung wird nur einmal eingegeben	Accuracy
Die Bestellung ist innerhalb des genehmigten Bestellvolumen des Mitarbeiters	Authorization
Keine Bestellungen mit Firmen aus der Blacklist	Regulatory Compliance

Abb. 5: Beispiel für die Abfrage von Kontrollzielen (*Quelle: ACL Services Ltd. 2008*)

81

Für jeden Geschäftsprozess, welcher durch eine CCM-Lösung überwacht werden soll, ist entsprechend den Schritten in diesem Kapitel vorzugehen, d. h. der Prozess und deren Sub-Prozesse zu identifizieren sowie die damit verbundenen Aktivitäten zu bestimmen. Anschließend sind die entsprechenden Daten zu lokalisieren und mit gesicherten Routinen auf den Analyseserver zu spiegeln. Auch bei der Spiegelung der Unternehmensdaten muss sichergestellt werden, dass diese nicht verändert oder manipuliert werden können.

3.4   Beispiele von Test für ausgewählte Prozesse und Aktivitäten

Die nachfolgenden Beispiele sollen Ideen liefern, wie eine CCM-Lösungen in der Praxis arbeitet und welche Prüfungen und Test damit durchgeführt werden können. Diese Prüfungen und Tests sind nicht abschließend und können entsprechend den Anforderungen und bereits implementierten Kontrollen ergänzt oder ersetzt werden.

3.4.1   Beispiel Zahlungen

Bei den Zahlungen kann es sinnvoll sein sicherzustellen, dass Rechnungen nicht doppelt bezahlt werden. Selbstverständlich kann ein Test auf Doppelzahlung meist auch durch ein ERP-System sichergestellt werden und eine separate CCM-Lösung wäre demzufolge nicht erforderlich. Die Praxis zeigt jedoch immer wieder, dass in diesen ERP-Systemen diese Tests trotz dort hierfür implementierter Möglichkeiten nicht durchgeführt werden.

Die Kernrisiken bei den Zahlungen sind:

– Der Lieferant reicht die Rechnungen zwei Mal ein und die Rechnung wird zwei Mal bezahlt.
– Der Mitarbeiter erfasst die Rechnung mehrfach, z. B. aufgrund von Kopien.
– Es gibt mehrere Erfassungssysteme im Unternehmen und dadurch können Systemkontrollen fehlen.
– Es fehlen generell Systemkontrollen.

Die CCM-Lösung prüft, ob:

– die Befugnisse und Kompetenzen eingehalten sind.
– die eingegebenen Informationen richtig sind.
– die Posten vollständig sind.

Weiter kann die CCM-Lösung die zu verarbeitenden Daten beispielsweise darauf prüfen, ob:

– gleiche Rechnungsbeträge bei demselben Lieferanten vorhanden sind.
– unterschiedliche Lieferanten genannt, jedoch ein gleiches Bankkonto angegeben ist.
– ein Lieferant mehrfach denselben Betrag erhalten soll.
– ein Lieferant für eine Rechnungsnummer mehrfache Zahlungen erhalten soll.

3.4.2 Beispiel Reise- und Bewirtungskosten

Die Reise- und Bewirtungskosten unterliegen neben den steuerrechtlichen Vorschriften auch den Richtlinien der jeweiligen Unternehmen. Meist werden diese vom Mitarbeiter selber abgerechnet und erfasst. Dies wiederum bedeutet eine fast 100 % Überprüfung der Reisekostenabrechnungen durch Mitarbeiter aus dem Finanz- und Rechnungswesen. Eine CCM-Lösung kann hier eine erhebliche Erleichterung und Kostenreduktion bringen.

Die Kernrisiken bei den Reise- und Bewirtungskosten sind:

– Abrechnung persönlicher Ausgaben
– Falschabrechnung (Ausgaben, die nicht dem Abrechnungsbeleg, z. B. Quittung entsprechen)
– mehrfache Abrechnung von Ausgaben
– Missachtung der geltenden Reisekostenrichtlinien

Die CCM-Lösung prüft, ob:

– die Reisekostenrichtlinien eingehalten werden,
– die Reisen genehmigt sind,
– die die Abrechnungen autorisiert sind,
– keine Mehrfachabrechnungen durchgeführt werden und
– Reisekosten nur für tatsächliche Reisetage geltend gemacht werden (z. B. keine Reisekosten an Urlaubstagen).

Weiter kann die CCM-Lösung die zu verarbeitenden Daten beispielsweise darauf prüfen, ob:

– nicht bezeichnete Ausgaben geltend gemacht werden oder
– die Reihenfolge der Belegnummern eingehalten wird.

3.4.3   Beispiel Gehaltszahlungen

Die Kernrisiken bei Gehaltszahlungen sind:

- Die Gehaltszahlungen stimmen nicht mit dem Vertragsinhalt überein.
- Nicht existente Mitarbeiter werden abgerechnet.
- Bereits ausgetretene Mitarbeiter werden weiter abgerechnet.
- Die Auszahlungsdaten wurden manipuliert.
- Es werden falsche bzw. nicht aktuelle Abrechnungsgrundlagen für die Lohnsteuer und Sozialversicherungsabrechnungen verwendet.

Die CCM-Lösung prüft, ob:

- die Abrechnungsdaten autorisiert sind,
- die Befugnisse und Kompetenzen eingehalten sind,
- die eingegebenen Informationen richtig sind und
- die Auszahlungen genehmigt wurden.

Weiter kann die CCM-Lösung die zu verarbeitenden Daten beispielsweise darauf prüfen, ob:

- doppelte Auszahlungen erfolgen sollen,
- Eintritts- und Austrittsdaten plausibel sind,
- die Einhaltung von Rechtsnormen gegeben ist,
- die Veränderung von Kontendaten ordnungsgemäß war und
- die Vollständigkeit der Stammdaten gewährleistet ist.

3.4.4   Beispiel Auftragsabwicklung

Die Kernrisiken bei der Auftragsabwicklung sind:

- Abrechnung von nicht zulässigen Preisen
- Verkäufe an Kunden ohne vorherige Bonitätsprüfungen
- nicht genehmigte Preisnachlässe
- Verkäufe an verbotene Organisationen

Die CCM-Lösung prüft, ob:

- die Befugnisse und Kompetenzen eingehalten sind,
- die eingegebenen Informationen richtig sind und
- Preisnachlässe autorisiert sind.

Weiter kann die CCM-Lösung die zu verarbeitenden Daten beispielsweise darauf prüfen, ob:

- die Einhaltung von internen Richtlinien gewährleistet ist,
- ein Abgleich mit sogenannten Blacklists ordnungsgemäß durchgeführt wurde und
- die Einhaltung von Kreditlimiten berücksichtigt wurde.

3.5   Die Vorteile von CCM

CCM erlaubt eine 100%ige Transaktionsprüfung aller elektronischen Daten. Dadurch lassen sich operationelle-, finanzielle-, Compliance- und Haftungsrisiken reduzieren.

Die Aktivitäten der Interne Revision sowie der Wirtschaftsprüfer können verstärkt auf Spezialgebiete und Hochrisikobereiche verlegt werden, wodurch eine Effektivitäts- und Effizienzsteigerungen erreicht wird.

Mit einer CCM-Lösung können Kontroll- und Systemschwächen Aufdeckung sofort aufgedeckt und offengelegt werden. Durch die Möglichkeit einer 100%ige Transaktionsprüfung und der Konzentration der Internen Revision und des Wirtschaftsprüfers auf Spezialgebiete und Hochrisikobereiche wird eine höhere Prüfungsabdeckung erreicht und somit eine Reduktion von Fehlaussagen reduziert. Dadurch stellt eine CCM-Lösung einen besonderen Anreiz für qualifizierte Mitarbeiter in der Internen Revision dar, da diese weniger mit Routinearbeiten sondern mit Sonderaufgaben beauftragt werden können.

3.6   Gründe, die für CCM sprechen

Eine CCM-Lösung kann auch im Risk Management eingesetzt und zur Unternehmenssteuerung genutzt werden. Durch eine CCM-Lösung können wirtschaftskriminelle Handlungen schneller entdeckt und aufgedeckt werden. Somit kann eine CCM-Lösung auch einen präventiven Charakter haben, da unerlaubte Handlungen aufgrund der hohen Kontrollaktivitäten und der damit verbundenen Früherkennung erst gar nicht begonnen werden.

Die Erfahrungen zeigen, dass die Arbeits- sowie die Ergebnisqualität durch die Einführung von CCM-Lösungen immens steigt. Fehler werden sofort erkannt. Ineffiziente Geschäftsprozesse können aufgedeckt und verändert werden.

Durch die steigenden gesetzlichen Anforderungen im Bereich der Corporate Governance erleichtert CCM die Dokumentation des Internen Kontrollsystems und reduziert dadurch das haftungsrechtliche Risiko.

3.7   CCM als Tool des Wirtschaftsprüfers

Damit der Einsatz einer CCM-Lösung den gewünschten erfolgt bringt, sollte der Wirtschaftsprüfer spätestens bei der Implementierung involviert werden. Der Wirtschaftsprüfer kann dabei sicherstellen, dass die Prüfungen und Tests seinen Erfordernissen gerecht werden und er somit die Ergebnisse verwenden kann. Weiter kann der Wirtschaftsprüfer auch Erfahrungen aus anderen Projekten oder Branchen mit einbringen.

Im laufenden Betrieb kann der Wirtschaftsprüfer anhand der Reports aus der CCM-Lösung und der Sachverhaltsaufklärungen für seine Prüfung die Schwerpunkte setzen, indem er die Risikobereiche herausfiltert und diese in seiner Planung berücksichtigt. Dadurch erhält auch der Wirtschaftsprüfer mehr Prüfungssicherheit.

4   Fazit

Trotz der zum Teil verschiedenen Aufgabengebiete und Zielvorstellungen im Bereich des Internen Kontrollsystems gibt es Gemeinsamkeiten zwischen der Internen Revision und dem Wirtschaftsprüfer. Diese Gemeinsamkeiten können mit einer CCM-Lösung genutzt werden. Eine CCM-Lösung kann die Basis einer Zusammenarbeit zwischen der Internen Revision und dem Wirtschaftsprüfer bilden.

Eine in Abstimmung mit dem Wirtschaftsprüfer implementierte CCM-Lösung gibt dem Wirtschaftsprüfer die erforderliche Sicherheit. Die Ergebnisse aus der CCM-Lösung können im Rahmen der gesetzlichen- und standesrechtlichen Möglichkeiten vom Wirtschaftsprüfer für die eigene Arbeit genutzt werden. Die Zusammenarbeit mit dem Wirtschaftsprüfer wird intensiviert. Dadurch erfolgt eine Verbesserung der Qualität der Jahresabschlussprüfung.

Weiter verringert sich durch die Einführung einer CCM-Lösung das Prüfungsrisiko des Wirtschaftsprüfers, was sich auch im Prüfungsumfang und den damit verbundenen Prüfungshandlungen niederschlagen kann. Schon alleine um den neuen und den in Zukunft noch auf die beiden Berufsstände zukommenden Anforderungen bestmöglich begegnen zu können sollten diese die Basis der Zusammenarbeit auf eine solide CCM-Lösung stellen.

Digitale Analyse von Finanzdaten

Thomas Keller

Dr. Türk-Str. 34
45476 Mülheim-Ruhr

Inhaltsverzeichnis

Kurztext

Der Umfang der zu prüfenden Daten im Unternehmen nimmt ständig zu. Die Massendatenanalyse bietet hier Möglichkeiten, um Risiken und Fraud effektiv aufzudecken. Doch die aktuelle Diskussion zur Mitarbeiterüberwachung zeigt auch, wie sensibel die Unternehmen bei dem Einsatz dieses Werkzeugs vorgehen müssen. Dieser Beitrag zeigt Ihnen wie Sie rechtssicher die Massendatenanalyse erfolgreich in Ihrem Unternehmen einsetzen und Sie durch die Kombination mit weiteren Werkzeugen deren Effizienz noch steigern.

Schlüsselwörter

Datenanalyse; Detailkenntnisse; Data Mining; Fraud-Scenario; Revisionsfragestellung

1 Massendatenanalysen im Rahmen der rechtlichen Möglichkeiten

Die Massendatenanalyse ist ein wichtiges Hilfsmittel zur Identifizierung von im weitesten Sinne „Schwachstellen" in Unternehmen. Daraus ergibt sich jedoch auch die Verpflichtung für jedes Unternehmen, dass sich dieses Hilfsmittels bedient, im Vorfeld des Einsatzes, die rechtlichen Möglichkeiten, aber auch die Restriktionen des Einsatzes zu prüfen.

Diese Prüfung ist notwendig, wenn im Wege der Analyse ggf. auch personenbezogene Daten erhoben werden. Dabei ist zu berücksichtigen, dass personenbezogene Daten nicht nur in IT-Systemen vorhanden sind, die sich mit Personaldaten explizit beschäftigen. So kann man selbst bei der Analyse von Daten aus der Kreditorenbuchhaltung auf personenbezogene Daten (z. B. Benutzerdaten der Buchhalter) stoßen.

Geht man mit personenbezogenen Daten nicht gesetzeskonform um, können sich je nach Unternehmen daraus Verstöße gegen z. B. das Bundesdatenschutzgesetz ergeben. Diese Verstöße können mit Bußgeldern geahndet werden.

Um diese negativen Ausprägungen im Vorfeld zu vermeiden, ist es ggf. sinnvoll und auch notwendig, die beabsichtigte Implementierung von Verfahren zur Massendatenanalyse im Vorfeld der Einführung mit dem Datenschutzbeauftragten des Unternehmens und mit den Arbeitnehmervertretungen abzustimmen.

Ebenso sollte der Bereich „Recht" eingebunden werden, um festzustellen, ob ggf. weitere rechtliche Aspekte oder unternehmensinterne Regelungen berücksichtigt werden müssen.

Im Vorfeld der Datenanalyse sollten folgende Punkte abgestimmt werden:

- Zweck der Datenanalyse
  - Beschreibung des Risikos, gegen das die einzelnen Analyseschritte eingesetzt werden sollen.
- Festlegung der zu analysierenden Daten
  - Bei Analysen, bei denen keine personenbezogenen Daten im Vordergrund der Auswertung stehen, sollte zumindest der zu untersuchende Bereich angegeben werden, z. B.
    - Kreditorenbuchhaltung
    - Debitorenbuchhaltung
    - usw.
  - Bei personenbezogenen Daten ist hier der Personenkreis, der bezogen auf das zu untersuchende Risiko in die Analyse einbezogen werden soll, festzulegen.

89

  ○ Im Rahmen der Möglichkeiten des jeweiligen IT-Systems, sind diese Personen herauszufiltern, bzw. andere Personenkreise sind zu löschen. Hierbei ist jedoch zu berücksichtigen, dass nicht alle IT-Systeme über die Möglichkeiten verfügen, Personenkreise speziell zu selektieren, bzw. auszuschließen.

– Festlegung des Verfahrens zur Datenbeschaffung
– Festlegung des Verfahrens zur gesicherten Aufbewahrung der Daten
  • z. B. Verschlüsselung gegen Nutzung durch Unbefugte
– Festlegung des Verfahrens zur Datenanalyse
– Festlegung des Personenkreises, der die Analysen durchführt
  • Ggf. besondere Unterweisung in der Vertraulichkeitsverpflichtung für diesen Personenkreis
  • Entscheidung, ob Daten an externe Unternehmen zur Analyse weitergeben werden sollen und Prüfung, ob dies rechtlich zulässig ist.
– Ggf. Verfahren zur Anonymisierung von personenbezogenen Daten festlegen
– Festlegung eines Reportingverfahrens zur Information über die Ergebnisse
  • Wer soll informiert werden?
  • Auf welche Weise soll das geschehen?
  • In welchem Zeitabstand soll das geschehen?

2 Grundlagen der Massendatenanalyse

Vergleicht man ein Unternehmen mit einem lebenden Organismus, so entsprechen z. B. die Finanzdaten (z. B. Kreditoren-/Debitorenbuchhaltung) dem Blutkreislauf einer Gesellschaft.

In diesen Datenflüssen, dem Blutkreislauf, spiegeln sich alle finanziellen Transaktionen einer Gesellschaft wider. Abweichungen von vorgegebenen Prozessen, Unplausibilitäten, Auffälligkeiten, Abweichungen usw. finden hier ihren Niederschlag. Das Problem liegt in der großen Menge der in einem Unternehmen anfallenden Daten. Dabei fallen Daten in den unterschiedlichsten Bereich an:

– Finanzdaten
  • Stammdatenverwaltung
  • Kreditorenbuchhaltung
  • Debitorenbuchhaltung
  • Anlagenbuchhaltung
– Personaldaten
  • Personalstammdaten
  • Personalzahlungsdaten
  • Reisekosten

- Produktionsdaten
- Vertriebsdaten
- usw.

In einer Menge von mehreren Hunderttausend oder gar mehreren Millionen Datensätzen, lassen sich die Datensätze, die auf Abweichungen hindeuten, ohne Methoden der Datenanalyse nur schwer identifizieren.

Hier setzt die „Massendatenanalyse" an. Ziel ist es hier, bezogen auf vorher klar zu definierende Fragestellungen/Risikobereiche aus der Grundgesamtheit aller zur Verfügung stehender Daten diejenigen Datensätze herauszufiltern, die auf Abweichungen hindeuten.

Doch hier ist Vorsicht geboten. Die so selektierten Datensätze weisen lediglich auf „Schwachstellen/Abweichungen vom Regelprozess" im weitesten Sinne hin. Um die Aussagekraft der Ergebnisse abzusichern, ist es unabdingbar, weitere Recherchen in Form von Sichtung von Dokumenten (Verträge, Belege usw.), Führen von Interviews, durchzuführen.

Die Identifizierung von Prozessmängeln kann in diesem Zusammenhang sowohl ein „Risiko" aufzeigen, da hier im Prozess ggf. eine Schwachstelle mit negativen Auswirkungen für ein Unternehmen besteht.

Es kann sich aber auch eine „Chance" ergeben, indem die Datenanalyse Möglichkeiten zur Prozessoptimierung im Sinne von Effektivitäts- oder Effizienzsteigerungen aufzeigt.

3 Vorgehensweise bei der Massendatenanalyse
3.1 Gewinnen von Detailkenntnissen über die beteiligten Prozesse
Eine wesentliche Voraussetzung für eine erfolgreiche Bewertung von Ergebnissen aus Massendatenanalysen sind spezifische Kenntnisse der beteiligten Prozesse. So ist es zum Beispiel zur Bewertung von Analyseergebnissen bezüglich von Prozessen im Bereich Kreditorenbuchhaltung unerlässlich, zu wissen, wie der Einkauf, die Wareneingangskontrolle und die Rechnungsbearbeitung funktioniert.

- Erfolgt der Einkauf nach festgelegten Regeln?
  - Existiert eine Einkaufsrichtlinie?
- Wie wird ein Einkaufsprozess durchgeführt?
  - Wer ist daran beteiligt?
  - Mit welchen Befugnissen?
  - Welche Dokumentationen sieht der Prozess vor?

- • Wie erfolgt die Stammdatenanlage?
- – Wie erfolgt die Wareneingangskontrolle?
  - • Wer ist dafür zuständig?
- – Wie wird die Leistungserbringung nachgewiesen?
  - • Bei materiellen Gütern?
  - • Bei immateriellen Gütern und bei Leistungen/Dienstleistungen?
- – Wie funktioniert die Rechnungsprüfung?
  - • Wer ist daran beteiligt?
- – Wie funktioniert die Kreditorenbuchhaltung?

Bei der Aufnahme der Prozesse stehen immer die folgenden Fragen im Vordergrund:

- – Wie funktionieren die Prozesse in der Regel?
- – Wie kann man den Regelprozess umgehen?
  - • Wer wäre in der Lage, das zu tun?
  - • Wer könnte das tun, ohne eine Entdeckung zu befürchten?
  - • Wie kann man eine Entdeckung verhindern oder zumindest erschweren?
  - • Reichen vorhandene Kontrollen aus?
  - • Wird auch das Management in Kontrollen einbezogen?
  - • Gibt es ein Vier-Augen-Prinzip?

Auf der Basis dieses Wissen sind dann die nachfolgenden Fragen zu beantworten:

- – Wie kann man die Umgehung des Regelprozesses in den Daten nachweisen?
- – Stellt die Umgehung des Prozesses ein effektives Risiko dar?
- – Welche Daten müssen dazu ausgewertet werden, um die Umgehungen transparent zu machen?
  - • Nach welchen Gesichtspunkten, in welcher Sortierung müssen die Daten ausgewertet werden?
  - • Können Daten aus unterschiedlichen Datenbanken miteinander kombiniert werden, um die volle Transparenz zu erreichen?

3.2   Prozessbeschreibung der Massendatenanalyse

Mit der Massendatenanalyse wird das Ziel verfolgt, den Bereich der Stichprobenprüfung auf das zwingend notwendige Maß zu reduzieren. Hier ist es das Ziel, den kompletten Datenbestand einer vollständigen Analyse zu unterziehen.

Ausgangslage des Analyseprozesses ist immer mindestens eine konkrete Fragestellung, unter deren Blickwinkel der Datenbestand analysiert werden soll. Dabei lässt sich die Vorgehensweise bei der Massendatenanalyse am eindrucksvollsten anhand eines Beispiels beschreiben:

Beispiel:
Wir betreiben ein Unternehmen bei dem pro Jahr Rechnungen für rund
50.000 Lieferanten
in der Kreditorenbuchhaltung verarbeitet werden müssen.

Da sowohl bei den Fachseiten, im Einkauf und auch in der Buchhaltung verschiedene Beschäftigte mit den unterschiedlichsten Verantwortlichkeiten und Kompetenzen am Prozess beteiligt sind, besteht ggf. das Risiko bezüglich der Existenz so genannter „Scheinlieferanten".

Lieferanten also, an die das Unternehmen aufgrund von Scheinrechnungen entsprechende Zahlungen leistet, aber keine Leistung als Gegenwert erhält.

In der Ausgangslage der Massendatenanalyse ist es nun das Ziel, die hohen Datenmengen mittels einem sinnvollen Analyseverfahren auf Datenmengen zu verdichten, bei der ggf. weitere „Einzelprüfungen" sinnvoll durchzuführen sind.

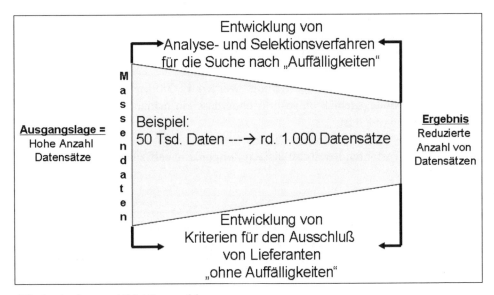

Abb. 1: Analyse- und Selektionsverfahren

Für die Durchführung des Analyse- und Selektionsverfahren wird eine „Revisions-fragestellung" bzw. ein sogenanntes „FRAUD-Scenario" benötigt, z. B.:

„Welche Lieferanten haben Ihren Umsatz in den letzten Jahren zumindest verdoppelt?"

Bezogen auf diese Fragestellung ist es nun die Aufgabe des Prüfers, die für die Analyse notwendigen Datenfelder im Buchhaltungssystem zu identifizieren und ggf. in Zusammenarbeit mit der Administration für einen Download der Daten zu sorgen. Ist das Datenmaterial vorhanden, kann es mittels geeigneter Revisionssoftware entsprechend analysiert werden.

Um die Schwierigkeiten bei der Analyse komplexer Datenbestände realistisch zu beschreiben, unterstellen wir in unserem Beispiel, dass trotz einer detaillierten Analyse immer noch rund 1.000 Datensätze als abschließendes Ergebnis der Massendatenanalyse übrig bleiben.

Damit haben wir bereits das erste Ergebnis erzielt, welches die „Massendatenanalyse" liefern kann. Es wurden 50.000 Lieferanten untersucht:

– Gemessen an den Prüfungskriterien wiesen **1.000 Lieferanten Auffälligkeiten** auf, die weiter untersucht werden müssen.
– **49.000 Lieferanten** wiesen keine Auffälligkeiten auf.

Bezogen auf die „Revisionsfragestellung" wurden 49.000 Lieferanten als unauffällig, also als ordnungsgemäß eingestuft, ohne dass ein manueller Prüfungsaufwand erforderlich geworden ist.

Damit ist das Verfahren bereits zu diesem Zeitpunkt als effiziente Prüfungsaktivität einzustufen.

3.3 Optimierung der Datenanalyse durch Kombination mehrerer Fragestellungen zu einer „Revisionsfragestellung"

Um das Verfahren zu optimieren, bietet es sich jedoch an, mehrere Fragestellungen bzgl. etwaig vorhandener Auffälligkeiten bezogen auf eine „Revisionsfragestellung" miteinander zu kombinieren.

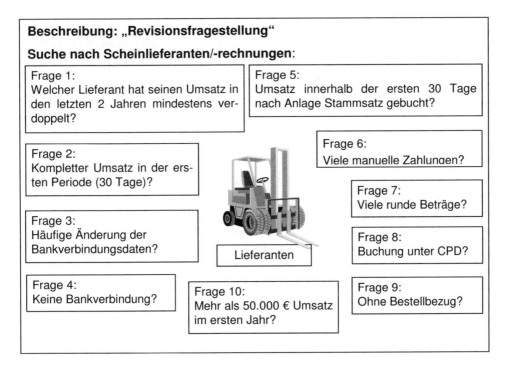

Abb. 2: Revisionsfragestellungen

Im ersten Schritt wurde die Fragestellung: „Welche Lieferanten haben Ihren Umsatz in den letzten Jahren zumindest verdoppelt?" mit den entsprechend Daten der Kreditorenbuchhaltung analysiert.

Auf der Suche nach z. B. „Scheinlieferanten" bzw. nach „Scheinrechnungen" sind jedoch noch weitere Ansatzpunkte denkbar, die jede für sich eine Anzahl von zutreffenden Datensätzen als Ergebnis liefern wird, z. B.:

- Bei welchen Lieferanten findet die Verbuchung des kompletten Umsatzes im ersten Monat nach Anlage des Lieferantenstammsatzes statt?
  - Ggf. Aktivitäten zeitlich gebündelt, um so das vermeintliche Entdeckungs risiko zu minimieren?
- Bei welchen Lieferanten wurden die Bankverbindungen häufig geändert?
  - Ggf. wurden die Bankverbindungen bestehender Lieferanten kurzfristig geändert, um nicht ordnungsgemäße Überweisungen zu tätigen?
- Bei welchen Lieferanten fehlen die Bankverbindungen in den Stammdaten?
  - Ggf. werden hier Zahlungen immer manuell erzeugt?
- Bei welchen Lieferanten wurde der Umsatz komplett innerhalb der ersten 30 Tage nach Anlage des Lieferantenstammsatzes gebucht?
  - Da man davon ausgehen kann, dass grundsätzlich erst nach Anlage des

Stammsatzes das Verfahren der Bestellung, der Lieferung der bestellten Güter und Dienstleistungen und das Verfahren der Rechnungserstellung durchgeführt werden kann, ist eine Umsatzbuchung innerhalb der ersten 30 Tage sehr früh und damit auffällig.

- Bei welchen Lieferanten finden manuelle Buchungen (im Gegensatz zu automatischen Buchungen) statt?
  - Bei manuellen Buchungen greift noch ein Buchhalter in den Prozess ein. Je nach Umfang seiner Berechtigungen im Buchhaltungssystem, können dort ggf. noch Änderungen an den Bankverbindungen vorgenommen werden. Daraus ergibt sich ein Risiko, so dass der Prozess der „manuellen Zahlungen" überprüft werden sollte.
- Bei welchen Lieferanten finden sich häufig runde Beträge in den Rechnungen?
  - In der einschlägigen Literatur zur Datenanalyse findet sich der Hinweis auf das Risiko bei runden Beträgen. Daher wurde dieses Kriterium auch hier eingebunden.
- Welche Lieferanten werden über CPD-Konten (Konto pro Diverse) abgerechnet?
  - CPD (Contro Pro Diverse). Hier sollen nur Buchungen für Kreditoren durchgeführt werden, die ggf. nur ein oder maximal 2-mal im Jahr eine Zahlung erhalten (z. B. Begleichung von Unfallschäden). Zudem ist hier grundsätzlich eine Zahlungsobergrenze von rund 500 € vorgeschrieben.
  - Bei dieser Art der Buchung liegen keine Stammdaten zugrunde, d. h., alle notwendigen Eingaben ins Buchhaltungssystem (Name, Zahlbetrag, Bankverbindung usw.) werden vom Buchhalter vorgenommen. Hier besteht das Risiko von fehlerhaften Eingaben oder auch von Manipulationen.
- Gibt es Buchungen ohne Bestellbezug?
  - Die Rechnung geht nicht auf einen Vertrag zurück, der über den zentralen Einkauf abgeschlossen wurde. Demzufolge kann es hier am Vier-Augen-Prinzip fehlen. Der Prozess sollte jedoch pro Unternehmen überprüft werden. Dann hier zu entscheiden, ob diese Fragestellung hier sinnvoll ist.
- Welcher Lieferant erzielt mehr als 50.000 € Umsatz im ersten Geschäftsjahr?
  - Hier wird lediglich eine Wertegrenze eingezogen, um bei der Vielzahl der Lieferanten nur die größten Lieferanten in die Auswertung einzubeziehen. Diese Grenze muss jedoch pro Unternehmen individuell festgelegt werden.

Jede dieser Fragestellungen stellt eine einzelne Abfrage an das Buchhaltungssystem dar. Somit erhält man im Ergebnis 10 einzelnen Dateien mit den Datensätzen, die mit den Fragestellungen übereinstimmen.

Speichert man diese Einzelergebnisse wiederum in einer gemeinsamen Datenbank, besteht z. B. die Möglichkeit durch eine einfache Sortierung, festzustellen, welche Lieferanten in mehreren der als kritisch, bzw. risikoreich eingestuften Datenmengen enthalten sind.

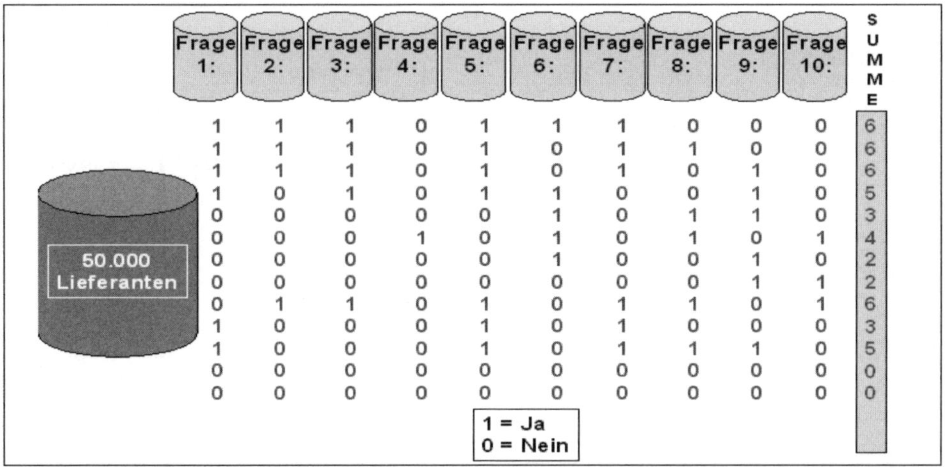

Frage 1:	Frage 2:	Frage 3:	Frage 4:	Frage 5:	Frage 6:	Frage 7:	Frage 8:	Frage 9:	Frage 10:	SUMME
1	1	1	0	1	1	1	0	0	0	6
1	1	1	0	1	0	1	1	0	0	6
1	1	1	0	1	0	1	0	1	0	6
1	0	1	0	1	1	0	0	1	0	5
0	0	0	0	0	1	0	1	1	0	3
0	0	0	1	0	1	0	1	0	1	4
0	0	0	0	0	1	0	0	1	0	2
0	0	0	0	0	0	0	0	1	1	2
0	1	1	0	1	0	1	1	0	1	6
1	0	0	0	1	0	1	0	0	0	3
1	0	0	0	1	0	1	1	1	0	5
0	0	0	0	0	0	0	0	0	0	0
0	0	0	0	0	0	0	0	0	0	0

50.000 Lieferanten

1 = Ja
0 = Nein

Abb. 3: Risikoanalyse

Bei 10 Fragestellungen zu einem Risiko sind somit max. 10 Übereinstimmungen möglich. Eine Sortierung nach der Übereinstimmungsrate zeigt die Lieferanten, die am häufigsten mit den Fragestellungen innerhalb des Risikos in Zusammenhang stehen.

Die Lieferanten mit dem Ergebnis „0" sind bei dieser Art der Vorgehensweise zunächst als „nicht zu beanstanden", als ordnungsgemäß einzustufen. Würde man nun z. B. die Lieferanten selektieren, die bei mehrere Fragestellungen aufgefunden wurden, kann man ggf. auch große Mengen von Lieferanten in einem Analyseschritt soweit selektieren, dass eine überschaubare Menge an Lieferanten übrigbleibt, die nun als „besonders auffällig" klassifiziert wurden.

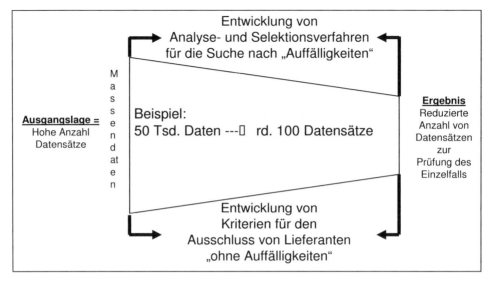

Abb. 4: Analyse- und Selektionsverfahren

Im Ergebnis erhält man in diesem Analysestadium eine Grundgesamtheit an Datensätzen, die aufgrund der Menge geeignet ist, im Rahmen von Einzelprüfungen auf Ordnungsmäßigkeit untersucht zu werden.

Die so selektierten Lieferanten müssen nun im Rahmen der Revisionsarbeit im Detail untersucht werden. Das kann z. B. im Wege einer „Vertragsprüfung" geschehen.

– Liegen Verträge vor?
– Gab es eine Ausschreibung?
– Liegen die Ausschreibungsunterlagen vor?
– Sind die vorliegenden Unterlagen nachvollziehbar?
– Ist die Entscheidung für den jeweiligen Lieferanten transparent?
– Auf welche Weise wurde die Leistungserbringung nachgewiesen? usw.

4   Optimierung der „Massendatenanalyse" durch „Data Mining"
Die Analysequalität der Massendaten läst sich erhöhen, indem zu einem identifizierten „FRAUD-Scenario" mehrere Datenquellen miteinander kombiniert werden.

Definition „Data Mining":
Es ist ein Prozess des Entdeckens bedeutsamer neuer Zusammenhänge, Muster und Trends durch die Analyse großer Datensätze mittels Mustererkennung sowie statistischer und mathematischer Verfahren« (Eric Brethenoux, Gartner Group).

Mustererkennung ist die Fähigkeit, in einer Menge von Daten

- Regelmäßigkeiten,
- Wiederholungen,
- Ähnlichkeiten oder
- Gesetzmäßigkeiten zu erkennen.

4.1 Optimierung durch Kombination unternehmenseigener mit unternehmensfremden Daten

Unternehmen verfügen über die unterschiedlichsten unternehmenseigenen Datenstämme. Zusätzlich besteht die Möglichkeit externe Daten, z. B. Adressdaten usw. von darauf spezialisierten Unternehmen zu kaufen. Kombiniert man diese Datenstämme im Rahmen von Revisionsfragestellungen, lassen sich die erzielten Ergebnisse hinsichtlich der Aussagekraft erheblich verbessern.

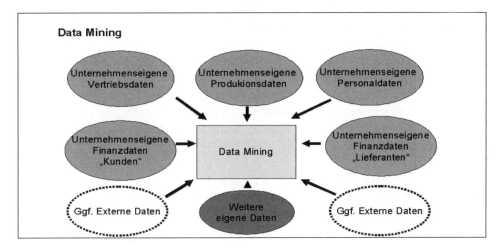

Abb. 5: Data Mining

Wir bleiben bei unserem Beispiel und unterstellen ein Unternehmen mit 50.000 Lieferanten unterschiedlicher Größe und bezogen auf unterschiedliche Geschäftsfelder.

Auch hier beschäftigt uns die Frage nach der ggf. vorhandenen Existenz von sog. „Scheinlieferanten". Unterstellt man, dass es bei der Frage nach „Scheinlieferanten" wenig wahrscheinlich ist, dass solche Lieferanten im Handelsregister verzeichnet sind.

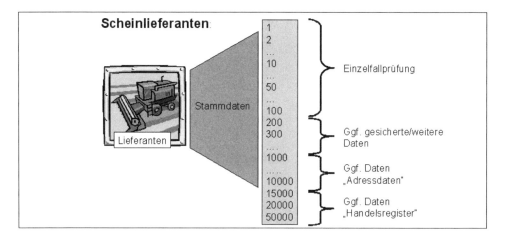

Abb. 6: Abgleich mit anderen Datenquellen

Gleicht man somit die Kreditorenstammdaten mit den Daten der Handelsregister ab, fallen diejenigen Lieferanten aus der weiteren Analyse heraus, die im Handelregister eingetragen sind.

Wenn man des weiteren annimmt, dass im Falle eines „Scheinlieferanten" unter der angegebenen Anschrift kein tatsächlicher Firmensitz vorhanden ist, kann man die Stammdaten mit gesicherten Adressdaten abgleichen, die von darauf spezialisierten Firmen käuflich erworben werden können. Somit fallen weitere Lieferanten aus der weiteren Analyse heraus.

Je nach Lieferantenstruktur der eigenen Gesellschaft lassen sich ggf. weitere externe Datenquellen erschließen, deren Nutzung ggf. dazu führen kann, die zur prüfenden Lieferanten weiter einzugrenzen.

5   Probleme der Massendatenanalyse

Die Datenanalyse setzt fundierte Kenntnisse der jeweiligen Prozesse voraus. Nur dann ist es möglich, die aus der Massendatenanalyse gelieferten Ergebnisse kritisch zu würdigen und zu bewerten.

Insofern ist es zwingend notwendig, vor Beginn der Datenanalyse eine Prüfung der vorhandenen Prozesse durchzuführen und die aktuellen Prozesse mit den Fragestellungen der Massendatenanalyse abzugleichen.

Probleme für die Massendatenanalyse
- Unterschiedlich gestaltete Prozesse
  - Receivables (Forderungen)
  - Payables (Verbindlichkeiten)
  - Reporting
- Unterschiedlich gestaltetes „Internes Kontrollsystem"
- Unterschiedliche IT-Systeme (SAP, Oracle usw.)
  - unterschiedliche Datenstrukturen
  - unterschiedliche Dateninhalte trotz gleicher Anwendungen (Customizing)
  - unterschiedliche Berechtigungskonzepte
  - Handlingprobleme bei großen Datenmengen
  - Ggf. unterjährige Archivierung von Daten
- Ggf. unterschiedliche Anforderungen aufgrund von Ländergesetzen

Statistische Datenanalyse in der Jahresabschlussprüfung zur Nutzung quantitativer Verfahren bei analytischen Prüfungshandlungen

Ernst-Rudolf Töller
ernst-rudolf.toeller@bdo.de,

Frank Gerber
frank.gerber@bdo.de

BDO Deutsche Warentreuhand AG
Ferdinandstraße 59
20095 Hamburg
www.bdo.de

Inhaltsverzeichnis

Kurztext

Analytische Prüfungshandlungen werden zunehmend intensiver als kostengünstige Alternative für die Jahresabschlussprüfung diskutiert. Dem gegenüber steht die mindestens ebenso große Herausforderung einer prüferischen Bewältigung der immer detaillierteren und umfangreicheren digitalen Abbildung aller zentralen Prozesse in den Unternehmen. Die Lösung dieser fachlichen und ökonomischen Herausforderungen wird vielfach im verstärkten Einsatz von Prüfungssoftware auch für analytische Prüfungshandlungen gesehen.

Dieser Beitrag stellt einige Beispiele für analytische Prüfungshandlungen vor. Diese betreffen u. a. Periodenvergleiche und Trendanalysen bzw. statistische Gesetzmäßigkeiten in den zu prüfenden Daten. Neben dieser „technischen Sicht" wird auch die prüferische Verwendung statistischer Untersuchungen für analytische Prüfungshandlungen näher erläutert.

Schlüsselwörter

Analytische Prüfungshandlungen; Datenanalysen; Massengeschäft; Größenklassenverteilung; Lorenzkurve; Gini-Koeffizient; Zeitreihen; Ziffernverteilung

1 Grundlagen

1.1 Der Begriff der analytischen Prüfungshandlung

1.1.1 Begriffsdefinition des Instituts der Wirtschaftsprüfer

Bei dem Begriff der analytischen Prüfungshandlungen ist es notwendig, auf die Begriffsdefinitionen im Prüfungsstandard 312 des Instituts der Wirtschaftsprüfer zurückzugreifen.

IDW PS 312 Tz. 5 und 6:

5) *Analytische Prüfungshandlungen sind Plausibilitätsbeurteilungen von Verhältniszahlen und Trends, durch die Beziehungen von prüfungsrelevanten Daten eines Unternehmens zu anderen Daten aufgezeigt sowie auffällige Abweichungen festgestellt werden. Hierzu gehört z.B. die Untersuchung von Schwankungen und Zusammenhängen, die in Widerspruch zu anderen einschlägigen Informationen stehen oder von erwarteten Beträgen abweichen.*

6) *Die Anwendung analytischer Prüfungshandlungen beruht auf der Erwartung, dass Zusammenhänge zwischen bestimmten Informationen und Daten vorhanden sind und fortbestehen. Von diesen Zusammenhängen kann ausgegangen werden, solange nichts Gegenteiliges bekannt wird. Der vorgefundene Zusammenhang dient somit als Prüfungsnachweis für die Vollständigkeit, Genauigkeit und Richtigkeit von Daten des Rechnungswesens. Diese Prüfungsnachweise sind für die Abschlussprüfung relevant, soweit sie Aussagen in der Rechnungslegung stützen.*

Der Anwendungsbereich analytischer Prüfungshandlungen reicht von der Prüfungsplanung, über die Prüfungsdurchführung bis zur abschließenden Durchsicht (vgl. IDW PS 312 Tz. 16).

1.1.2 Abgrenzung von der Kennzahlenanalyse

Die analytischen Prüfungshandlungen im Rahmen der Prüfungsplanung sind allerdings von der reinen Kennzahlenanalyse zur Beurteilung der wirtschaftlichen Lage des Mandanten abzugrenzen. Diese auf den ersten Blick sinnvolle Analyse entspricht nicht dem Vorgehensmodell für analytische Prüfungshandlungen, denn analytische Prüfungshandlungen im Sinne dieses Aufsatzes haben immer einen Erwartungswert, mit dem die erzielten Ergebnisse verglichen werden. Oder allgemeiner gesagt, analytische Prüfungshandlungen dienen nicht nur einer betriebswirtschaftlichen Kennzahlenanalyse, sondern im Rahmen der Prüfungsplanung dienen die analytischen Prüfungshandlungen zur Vertiefung und Verifizierung der erlangten Kenntnisse über den Mandanten sowie zur Identifikation von kritischen Prüfungsgebieten und der Planung der weiteren Prüfungsstrategie.

Im Grundsatz ist die Voraussetzung für die Anwendung analytischer Prüfungshandlungen eine stetige Bilanzierung, da nur bei gleichbleibenden Zusammenhängen die Beziehungen zwischen Zusammenhängen konstant abgebildet werden können, allerdings können die sichtbaren Abweichungen zwischen Erwartungswert und Istwert auch Hinweise auf eine Veränderung der Bilanzierungspraxis geben.

1.1.3 Vorgehensmodell für analytische Prüfungshandlungen

Ein Beispiel für die Vorgehensweise bei analytischen Prüfungshandlungen zeigt die nachfolgende Abbildung, entnommen aus der Dissertation von Engin Kayadelen „Zur Durchführung analytischer Prüfungshandlungen in der Abschlussprüfung" aus dem Jahre 2008, S.92.

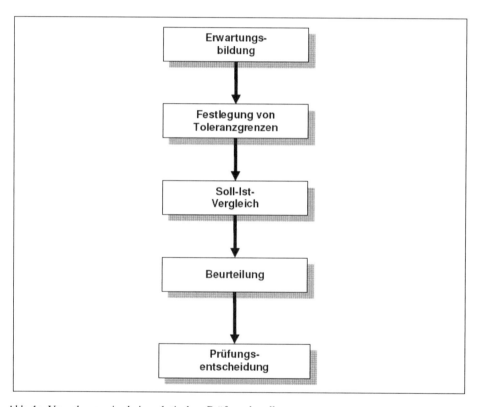

Abb. 1: Vorgehensweise bei analytischen Prüfungshandlungen

1.2 Analytische Prüfungshandlungen in der Jahresabschlussprüfung

1.2.1 Analytische Prüfungshandlungen in der Planungsphase

Im Rahmen des risikoorientierten Prüfungsansatzes können die analytischen Prüfungshandlungen nicht nur im Rahmen der Planungsphase zur Verifizierung und der Kenntnisse über die Geschäftätigkeit des Mandanten genutzt werden, sondern auch zur Identifikation von kritischen bzw. risikobehafteten Gebieten, bei denen der Erwartungswert von dem jeweiligen Istwert abweicht und auch keine sachgerechte Erläuterung für die Abweichung gegeben werden konnte.

Auf Basis dieser Erkenntnisse werden dann die weiteren Prüfungshandlungen geplant.

1.2.2 Analytische Prüfungshandlungen bei der Prüfungsdurchführung

Grundsätzliche Faktoren
Im Rahmen der Prüfungsdurchführung werden im PS 312 Tz. 21 die grundsätzlichen Faktoren für analytische Prüfungshandlungen aufgeführt.

– Ziele der analytischen Prüfungshandlungen und Verlässlichkeit ihrer Ergebnisse
– Art des Unternehmens und die Möglichkeit, zusammengefasste Informationen wieder in ihre Bestandteile zu zerlegen
– Verfügbarkeit der Informationen aus dem Rechnungswesen und aus anderen Unternehmensbereichen
– Zuverlässigkeit der verfügbaren Informationen nach der Maßgabe der bei ihrer Erstellung angewandten Sorgfalt sowie ihrer Herkunft
– Relevanz der verfügbaren Informationen
– Vergleichbarkeit der verfügbaren Informationen
– Erkenntnisse des Prüfers aus der Prüfungsplanung unter Berücksichtigung von Vorjahresprüfungen und erforderlich gewordenen Anpassungen sowie Erkenntnisse aus der Systemprüfung.

Verlässlichkeit
Im Rahmen der Verlässlichkeit ihrer Ergebnisse sind nach ISA 520 Tz.12a

"...Substantive analytical procedures are generally more applicable to large volumes of transactions that tend to be predictable over time. The application of substantive analytical procedures is based on the expectation that relationships among data exist and continue in the absence of known conditions to the contrary. The presence of these relationships provides audit evidence as to the completeness, accuracy and occurrence of transactions captured in the information produced by the entity's information system..."

folgende Punkte zu berücksichtigen:

- Massentransaktionen
- Buchungstechnische Zusammenhänge
- Beständigkeit des Unternehmensumfelds
- Art des Prüffelds
- Massentransaktionen

Gleichzeitig ist die Verlässlichkeit einer analytischen Prüfungshandlung auch nicht unwesentlich von dem angewandten Verfahren zur Ermittlung des Erwartungswertes abhängig.

Der Prüfer kann hier einerseits einfache Vergleiche anwenden, die allerdings einen hohen Grad an Subjektivität aufweisen und dementsprechend in ihrer Verlässlichkeit auch von der Erfahrung des Wirtschaftsprüfers abhängig sind, oder aber auf komplexe statistische Modelle wie die Regressions- oder Box-Jenkins-Analyse zurückgreifen, die wir später behandeln werden.

Statistische Modelle sind besonders bei unerfahrenen Prüfern aufgrund der immanenten Objektivität durch eine höhere Präzision gekennzeichnet. Darüber hinaus weist z. B. die Regressionsanalyse den Vorteil auf, dass mit der Standardabweichung automatisch ein Parameter zur Verfügung gestellt wird, der den Prüfer bei der Beurteilung der Verlässlichkeit des gebildeten Erwartungswertes unterstützt.

Art des Unternehmens und die Möglichkeit, zusammengefasste Informationen wieder in ihre Bestandteile zu zerlegen
Die Art des Unternehmens bestimmt die sinnvoll anzuwendende Aggregationsstufe für analytische Prüfungshandlungen. Bei homogenen Unternehmen kann die Aggregationsstufe höher sein als bei Unternehmen mit sehr unterschiedlichen Geschäftsbereichen oder verschiedenen Produktlinien.

Analytische Prüfungshandlungen können wirksamer sein, wenn sie nicht auf den Abschluss insgesamt, sondern auf einzelne Teilbereiche der Rechnungslegung oder Sparten bezogen werden. Durch diese Deaggregation der Daten wird die Gefahr vermieden, dass Abweichungen aufgrund von gegenläufigen Effekten nicht erkannt werden.

Verfügbarkeit der Informationen aus dem Rechnungswesen und aus anderen Unternehmensbereichen

Für analytische Prüfungshandlungen ist es notwendig, dass dem Abschlussprüfer die notwendigen Daten auch zur Verfügung gestellt werden können.

Falls z. B. Budgets oder Prognoserechnungen nicht existieren, kann eine Analyse, die diese zugrunde legt, nicht durchgeführt werden. Falls keine Produktions- oder Verkaufsstatistiken existieren, kann ein Vergleich mit diesen Kennzahlen nicht durchgeführt werden.

Zuverlässigkeit der verfügbaren Informationen nach der Maßgabe der bei ihrer Erstellung angewandten Sorgfalt sowie ihrer Herkunft

In IDW PS 300 Tz. 29 wird die Verlässlichkeit beschrieben.

Die Verlässlichkeit hängt von der Art und Herkunft der eingesehenen Unterlagen sowie von der Wirksamkeit der in den zugrunde liegenden Informationsverarbeitungsvorgängen eingerichteten internen Kontrollmaßnahmen ab. Im Hinblick auf den unterschiedlichen Verlässlichkeitsgrad der durch die Einsichtnahme erlangten Prüfungsnachweise kann im Wesentlichen unterschieden werden zwischen

– Prüfungsnachweisen, die von Dritten erstellt und aufbewahrt werden,
– Prüfungsnachweisen, die von Dritten erstellt wurden und vom Unternehmen aufbewahrt werden und
– Prüfungsnachweisen, die vom Unternehmen erstellt und aufbewahrt werden.

Weitere Hinweise zum Grad der Verlässlichkeit liefert dann IDW PS 300 Tz. 39 und 40.

Der Grad der Verlässlichkeit der Prüfungsnachweise hängt insbesondere von deren Art (z. B. Inaugenscheinnahme, schriftliche Erklärungen oder mündliche Auskünfte) und Quelle (z. B. Erklärungen des Managements bzw. sonstigen Mitarbeitern des Unternehmens oder von Dritten) sowie den Kontrollmaßnahmen ab, die der Erstellung und Pflege dieser Prüfungsnachweise zugrunde liegen. So sind beispielsweise Prüfungsnachweise in schriftlicher Form (wie z. B. Saldenbestätigungen) grundsätzlich verlässlicher als mündliche Erklärungen. Hinsichtlich der Quelle der Prüfungsnachweise ist bei der Einschätzung der Verlässlichkeit der Prüfungsnachweise unter Berücksichtigung der Umstände des Einzelfalls zu beachten, dass grundsätzlich

– Prüfungsnachweise aus externen Quellen i. d. R. verlässlicher sind als solche, die intern, d. h. vom Management oder sonstigen Mitarbeitern des zu prüfenden Unternehmens selbst, erstellt wurden,

- Prüfungsnachweise, die intern erstellt wurden, um so verlässlicher sind, je wirksamer das interne Kontrollsystem ist,
- unmittelbar vom Abschlussprüfer beschaffte Prüfungsnachweise verlässlicher sind als vom Management oder sonstigen Mitarbeitern des zu prüfenden Unternehmens erbrachte Prüfungsnachweise,
- Prüfungsnachweise verlässlicher sind, wenn sie in dokumentierter Form vorliegen, sei es in Papierform, in elektronischer Speicherung oder in einem anderen Medium (z. B. ist ein schriftliches Sitzungsprotokoll verlässlicher als eine mündliche Auskunft über diskutierte Inhalte) und
- Prüfungsnachweise, die sich auf Originaldokumente stützen, verlässlicher sind als Prüfungsnachweise, die aus Fotokopien oder sonstigen Reproduktionen hervorgehen.

Die Überzeugungskraft der Prüfungsnachweise steigt, wenn sie mit anderen Prüfungsnachweisen aus anderen Quellen oder anderer Art übereinstimmen. Dementsprechend kann der Abschlussprüfer die Prüfungsfeststellungen mit höherer Sicherheit treffen. Stimmen dagegen die Prüfungsnachweise aus einer Quelle nicht mit jenen aus einer anderen Quelle überein oder bestehen Zweifel an der Echtheit von Dokumenten bzw. der Verdacht, dass Dokumente geändert wurden, hat der Abschlussprüfer zu beurteilen, welche zusätzlichen Prüfungshandlungen notwendig sind, um diesen Widerspruch aufzulösen bzw. die Zweifel an der Verlässlichkeit der Prüfungsnachweise zu beseitigen.

Relevanz der verfügbaren Informationen
Ein weiterer wichtiger Punkt für den Einsatz analytischer Prüfungshandlungen ist die Relevanz der verfügbaren Informationen. Verwendet der Prüfer z. B. Budget oder Planzahlen zur Festlegung des Erwartungswertes ist es wichtig festzustellen, ob die Budgets realistische Zahlen enthalten, oder ob das Budget nur als ein Anreizmittel mit völlig überhöhten Werten im Unternehmen eingesetzt wird. Falls letzteres der Fall ist, ist das Budget für analytische Prüfungshandlungen eher ungeeignet. Generell gesagt, sollte der Prüfer, falls er sich auf unternehmensinterne Quellen stützt, nur auf die Daten zurückgreifen, die vom Management als entscheidende Einflussfaktoren für den Unternehmenserfolg erachtet und als Grundlage für unternehmerische Entscheidungen herangezogen werden.

Vergleichbarkeit der verfügbaren Informationen
Es kann erforderlich sein, allgemeine Branchenkennziffern anzupassen, um sie mit den Kennziffern eines Unternehmens einer bestimmten Branche vergleichen zu können, das Spezialprodukte herstellt und verkauft.

Erkenntnisse des Prüfers aus der Prüfungsplanung unter Berücksichtigung von Vorjahresprüfungen und erforderlich gewordenen Anpassungen sowie Erkenntnisse aus der Systemprüfung

Die Anwendung von analytischen Prüfungshandlungen ist auch abhängig von der Beurteilung der inhärenten Risiken und der Kontrollrisiken: Bestehen beispielsweise Schwächen im internen Kontrollsystem bei der Abwicklung von Verkaufsaufträgen, besteht hier ein relativ hohes Kontrollrisiko. Es kann daher für den Abschlussprüfer erforderlich werden, in verstärktem Maße Einzelfallprüfungen vorzunehmen und den Ergebnissen analytischer Prüfungshandlungen weniger Verlässlichkeit beizumessen.

Im Rahmen analytischer Prüfungshandlungen werden Informationen verwendet, deren Entstehen unternehmensinternen Kontrollmaßnahmen unterlegen hat. Sind derartige Kontrollmaßnahmen wirksam, wird sich der Abschlussprüfer in größerem Umfang auf die Informationen und damit auf die Ergebnisse der analytischen Prüfungshandlungen stützen können. Dies entspricht auch dem Grundsatz der Wirtschaftlichkeit der Abschlussprüfung. Sind keine Kontrollen vorhanden oder sind diese nicht ausreichend wirksam, sind vom Abschlussprüfer Einzelfallprüfungen vorzunehmen.

Die Verwendung IT-gestützter Prüfungstechniken (Computer-Assisted Audit Techniques, CAAT) kann die Wirksamkeit und Wirtschaftlichkeit der Prüfung wesentlich erhöhen.

Die Entscheidung über Art und Umfang IT-gestützter Prüfungshandlungen ist im Rahmen der risikoorientierten Prüfungsplanung unter Berücksichtigung der Ausgestaltung des IT-Systems und der zugrunde liegenden unternehmensspezifischen Gegebenheiten festzulegen. Dabei sind die folgenden Faktoren zu berücksichtigen:

– konventionelle Prüfungshandlungen sind nur mit einem unverhältnismäßigen Aufwand durchführbar, z. B. aufgrund fehlender oder unzureichender Ausgabemöglichkeiten im gewünschten Datenformat
– Verfügbarkeit IT-gestützter Prüfungstechniken (Software), der erforderlichen IT-Infrastruktur und der zu prüfenden produktiven Daten sowie von Testdaten im erforderlichen Format
– Kenntnisstand und Erfahrung des Prüfers
– Vorhandensein prüfungsrelevanter Informationen in maschinell lesbarem Format
– zeitliche Verfügbarkeit der zu prüfenden Systeme und Daten
– Möglichkeit der Verwendung des IT-Systems des Mandanten für Prüfungszwecke.

Das nachfolgende Schaubild aus IDW PS 330 zeigt den Zusammenhang IT-gestützter Prüfungshandlungen und die Einsatzmöglichkeiten dieser Prüfungstechniken sowohl bei Systemprüfungen als auch bei aussagebezogenen Prüfungshandlungen.

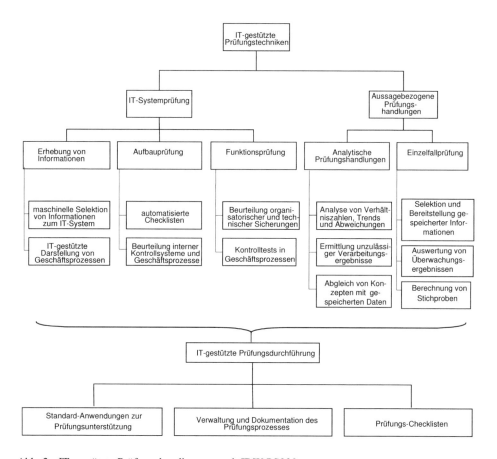

Abb. 2: IT-gestützte Prüfungshandlungen nach IDW PS330

Datenanalysen können aber auch als Einzelfallprüfung dann angewendet werden, wenn sich im Rahmen von Prüfungen des internen Kontrollsystems zeigt, dass entweder der Aufbau der Kontrollen nicht sachgerecht ist oder die Funktionsprüfungen zeigen, dass die eingerichteten Kontrollen nicht in dem vorgesehenen Umfang durchgeführt wurden.

Hier lässt sich dann durch eine 100% Überprüfung der Daten nachvollziehen, ob durch eine fehlerhaft eingerichtete Kontrolle überhaupt Fehler aufgetreten sind.

Ein typisches Beispiel hierfür können Datenprüfungen bei fehlerhaft eingerichteten Berechtigungssystemen sein. Hier lässt sich anhand der Datenprüfung feststellen, bei welchen Datensätzen z. B. der IT-Leiter Buchungen durchgeführt hat.

1.3 Analytische Prüfungshandlungen im Rahmen der abschließenden Durchsicht

Um zusammenfassend feststellen zu können, ob der Jahresabschluss insgesamt und der Lagebericht mit den Kenntnissen des Abschlussprüfers über die Geschäftstätigkeit und das wirtschaftliche und rechtliche Umfeld des Unternehmens im Einklang stehen, sind analytische Prüfungshandlungen auch unmittelbar vor Beendigung der Prüfung durchzuführen.

Die analytischen Prüfungshandlungen haben das Ziel, die im Laufe der Prüfung von einzelnen Teilbereichen des Jahresabschlusses gewonnenen Schlussfolgerungen des Abschlussprüfers zu überprüfen bzw. zu bestätigen und das Gesamturteil über die Rechnungslegung zu erleichtern. Jedoch können analytische Prüfungshandlungen in dieser Phase der Abschlussprüfung auch Bereiche erkennbar machen, in denen noch weitere Prüfungshandlungen vorzunehmen sind.

2 Umsetzung analytischer Prüfungshandlungen mit statistischer Datenanalyse

2.1 Typische Risiken des Massengeschäfts (Exkurs)

Die Bearbeitung von Massengeschäft erfordert komplexe Prozesse, um Geschäftsvorfälle sachgerecht, wirtschaftlich und zeitgerecht zu erledigen und gleichzeitig die dabei auftretenden Risiken ausreichend zu kompensieren. Es kann für den Prüfer sehr schwierig und aufwendig sein, solche Abläufe nur auf dem Weg der Systemprüfung auf ausreichende interne Kontrollen hin zu überprüfen. Um angemessen und wirtschaftlich vorzugehen, muss er deshalb zusätzlich aussagebezogene Prüfungshandlungen also analytische Prüfungshandlungen und Einzelfallprüfungen einplanen. Dies gilt umso mehr, als über Systemprüfungen auch Kontrollschwächen identifiziert werden können, deren mögliche Auswirkungen ohnehin mit Hilfe aussagebezogener Prüfungshandlungen weiter untersucht werden müssen.

Um die Risikosituation bei der Bearbeitung von Geschäftsvorfällen im Massengeschäft richtig einzuschätzen, beginnen wir deshalb unsere Darstellung zu analytischen Prüfungshandlungen mit einem kurzen Exkurs zur spezifischen Risikosituation des Massengeschäfts.

2.1.1. Risikofaktoren im Massengeschäft

In der Praxis häufig anzutreffende Risikofaktoren, die eine vollständige und richtige Bearbeitung der Geschäftsvorfälle im Massengeschäft beinträchtigen können, sind:

- *Anwenderfehler und -schwächen*
  Anwender neigen bei der Bearbeitung von massenhaften Geschäftsvorfällen zu Fehlern, die typisch für die Rolle des jeweiligen Bearbeiters sind.
  (Beispiel: Zahlendreher der Erfassung von Beträgen).
- *System- und Programmfehler*
  Systeme insbes. Softwaresysteme sind nie frei von Fehlern. Diese können sich auch auf die Bearbeitung einzelner Geschäftsvorfälle auswirken.
  (Beispiel: systematische Fehler bei besonderen eher seltenen Geschäftsvorfällen, die die Software falsch behandelt).
- *Prozessschwächen*
  Nicht ausreichend durchdachte oder definierte Prozesse stellen ebenfalls einen (latenten) Risikofaktor dar.
  (Beispiel: Fehler entstehen bei neuartigen Geschäftsvorfällen, weil die Prozesse nicht oder nur unzureichend angepasst worden sind.).
- *einzelne ggf. auch massive Manipulationen*
  Manipulationen in einzelnen Fällen bzw. auch in größerem Umfang, bilden im Massengeschäft ein spezielles oft schwer zu identifizierendes Risiko.
  (Beispiel: gezielte auch größere Manipulationen durch Bearbeiter an einzelnen Fällen einer insgesamt hohen Gesamtzahl von Geschäftsvorfällen).

In der Praxis werden Fehler und Manipulationen oft durch eine Mischung verschiedener Ursachen begünstigt. Besteht am Anfang z. B. nur ein Systemproblem, das mit einem sog. „Work-Around" umgangen werden soll, kommen in der Folge schnell Bearbeitungsfehler hinzu, weil Hintergründe und Zusammenhänge des „Work-Arounds" von den Anwendern gar nicht oder nur unzureichend verstanden werden. In der Folge können dann Manipulationen oder Manipulationsversuche hinzukommen, wenn bzgl. Vollständigkeit und Richtigkeit der Bearbeitung eine eher unklare Gesamtsituation herrscht.

Realisieren sich typische Risiken des Massengeschäfts, werden unterhalb bestimmter Wertschwellen oft überhaupt keine Fehler festgestellt oder die festgestellten Fehler werden nicht korrigiert. Handelt es sich um System- oder Programmfehler, lassen sich die Auswirkungen nur selten vollständig wieder korrigieren.

2.1.2. Die Rolle des internen Kontrollsystems

In der Praxis wird oft ein spezifisches, aus verschiedenen Komponenten zusammengesetztes internes Kontrollsystem eingesetzt, um die Risiken im Massengeschäft zu kompensieren. Wichtige Bestandteile eines solchen Kontrollsystems sind:

- *Aufbauorganisation*
  Auswahl der richtigen Mitarbeiter für die einzelnen Aufgaben
- *Prozessorganisation*
  Definition der Hauptverarbeitungswege, Abgrenzung von Sonderfällen usw.
- *Abstimmhandlungen*
  Tages-, Wochen- und Monatsabstimmungen in Verbindung mit entspr. Reports
- *maschinelle Plausibilitätsprüfungen*
  fehlerhafte Bearbeitungen sollen durch Prüfung von Datenkonstellationen bei der Eingabe verhindert werden
- *stichprobenweise Kontrollen*
  ausgewählte Geschäftsvorfälle werden jeweils vollständig überprüft
  (ggf. Aufgabe der Revision)

Das Problem des Kontrollsystems im Massengeschäft ist die richtige Anpassung an die tatsächlich relevanten Anforderungen. Letztlich besteht aber auch bei einem angemessenen Kontrollsystem immer das Risiko, dass die bestehenden Kontrollsysteme durch die hohe Anzahl der Geschäftsvorfälle systematisch ausgetestet werden. Nach und nach werden alle Bestandteile des Kontrollsystems mehr oder weniger oft aktiviert. So setzen sich die kritischen Details und Zusammenhänge der Kontrollen im Bewusstsein der beteiligten Personen fest. Durch diesen Effekt werden notwendigerweise auch alle Schwachstellen des Kontrollsystems früher oder später aufgedeckt bzw. kommuniziert. Typisch sind hier z. B. Bearbeitungen von Massengeschäften mit eher geringem Wert, die sich dadurch auszeichnen, dass einerseits das Kontrollniveau wegen der geringen Einzelwerte nicht besonders hoch ist und andererseits auch keine hohe Sensibilität besteht, wenn die vorhandenen Kontrollen zumindest teilweise umgangen werden.

Auch Veränderungen in den Firmen bzw. in deren Umfeld wie:

- Erwerb oder Veräußerung einzelner Gesellschaften
- Technische oder organisatorisch bedingte Veränderungen von Prozessen
- Auslagerung von Prozessen an Dienstleiter

stellen neue Anforderungen an Mitarbeiter und Systeme und verändern die bestehenden Kontrollsysteme.

Als besonders kritisch sind immer solche Veränderungen an den Prozessen anzusehen, die es erlauben, Kontrollen im Massengeschäft *gezielt* zu umgehen oder auszuhebeln. Manipulationen oder dolose Handlungen können dann in der Masse der Geschäftsvorfälle unerkannt bleiben.

2.2 Die Rolle analytischer Prüfungshandlungen im Massengeschäft

Vor dem Hintergrund unserer Darstellung der Risikosituation im Massengeschäft wird klar, welche Schlüsselfunktion hier analytische Prüfungshandlungen spielen können, wie sie in Kapitel 1 vorgestellt wurden. Sie sind ein Instrument, um globale Prüfungen der Wirksamkeit der internen Kontrollen vorzunehmen. Dies kann wie oben dargestellt sowohl in der Prüfungsplanung, der Prüfungsdurchführung oder der abschließenden Durchsicht geschehen.

Wesentlich für die Prüfung des Massengeschäfts ist dabei die Umsetzung analytische Prüfungshandlungen mit den Mitteln der IT.

Der IDW-Prüfungsstandard PS330 nennt hier folgende Beispiele:

- risikoorientierte sachliche Prüfungsplanung
- Ermittlung und Analyse von Verhältniszahlen und Trends
- Ermittlung und Analyse auffälliger Abweichungen durch Soll-/ Ist-Vergleich
- Selektion und Auswertung von Schwankungen oder Zusammenhängen

Die IT-Unterstützung ist bei der Prüfung des Massengeschäfts u. a. aus folgenden Gründen wesentlich:

- IT-gestützte analytische Prüfungshandlungen betreffen die Gesamtheit der Datenbestände, in denen bestimmte Geschäftsvorfälle abgebildet sind. Beispiele sind:
- (einfache) Plausibilitätsprüfungen, die auf diesem Wege flächendeckend durchgeführt werden
- Abstimmungen, die in einer vom Prüfer definierten Detaillierung durchgeführt werden
- Mit IT-Unterstützung können auch Prüfungshandlungen mit mathematisch-statistischem Hintergrund realisiert werden. Diese Prüfungshandlungen identifizieren Strukturen bzw. Parameter, die charakteristisch für die Daten eines Prüfungsgebiets sind. Derartige Strukturen bzw. Parameter können dabei ggf. durch Periodenvergleich über längere Zeiträume als „invariant" verifiziert werden.

116

Vorgreifend auf die Zusammenfassung kann bereits hier festgestellt werden, dass gerade die Frage nach Strukturen, Parameter, Kennzahlen usw. sind, ein Gegenstand intensiver Kommunikation zwischen Interner Revision und Wirtschaftsprüfung sein sollte.

Ermittelt man z. B. (statistische) Parameter oder Invarianten, die für die Umsätze oder Kreditorensalden eines Unternehmens gelten, kann man auch identifizieren, welche dieser Größen über längere Zeit invariant geblieben sind. Solche Erkenntnisse können dann bei der Gestaltung des internen Kontrollsystems des Unternehmens berücksichtigt werden. Ggf. könnten dann Maßnahmen ergriffen werden, wenn Parameter oder ähnliche Werte, die über einen längeren Zeitraum konstant waren, sich plötzlich ändern.

3   Beispiele

Beispiel 1: Belegnummernvergabe in elektronischen Registrierkassen

Die Reihe der Beispiele von analytischen Prüfungshandlungen, die auf Basis von IT-gestützten Datenauswertungen durchgeführt werden, möchten wir beginnen mit einem Beispiel zur Prüfung der automatischen Belegnummernvergabe.

Grundlage unseres Beispiels sind Summendaten aus einem Registrierkassensystem, die fortlaufend mit einer aufsteigenden Belegnummer gespeichert sind. Vergleichbare Verfahren der Belegnummernvergabe gibt es auch in Fertigungssystemen, Buchhaltungen usw. Es ist klar, dass Konsistenz und Vollständigkeit der Belegnummern vom Standpunkt der Ordnungsmäßigkeit ein wichtiger Faktor sind. Dieser Punkt ist auch in der Betriebsprüfung relevant, in der häufig auch die vollständige und konsistente Belegnummernvergabe in Systemen thematisiert wird.

In dem in Abbildung 3 gezeigten Beispiel ist ein Fehler in der Nummernvergabe dokumentiert, die Belegnummer 888581 ist offenbar zweimal bei zwei aufeinander folgenden Transaktionen (11.26 Uhr und 11.27 Uhr) vergeben worden. Im vorliegenden Fall konnten zwei solche Fehler dieser Art in 2 Mio. Datensätzen festgestellt werden.

Belegnummer	Kasse	Datum	Uhrzeit
888.580	21	14.07.2008	11:41
888.581	21	14.07.2008	11:26
888.581	21	14.07.2008	11:27

Abb. 3: Fehler in der Belegnummernvergabe

Die vorgefundenen Fehler erscheinen von ihrer Auswirkung her grundsätzlich noch tolerierbar. Auf der anderen Seite ist es sicher eine Nachfrage wert, ob z. B. Server, die den Kassenbetrieb steuern, in entsprechenden Fehlerprotokollen also z. B. am 14.07.2008 um 11.26 Uhr Störungen oder ähnliches aufgezeichnet haben. Abhängig davon wäre aber wichtig zu klären, ob die Störung sich wiederholen könnte bzw. ob dabei auch umfangreichere Auswirkungen auftreten könnten.

Das Beispiel der Belegnummernvergabe zeigt eindrucksvoll, wie eine einfache analytische Prüfungshandlung einen Sachverhalt klären kann, der in einer sehr technischen Systemprüfung nur mit sehr viel mehr Aufwand geklärt werden könnte. Dabei wären die konkreten Fehler ggf. aber gar nicht festgestellt worden.

Beispiel 2: Größenverteilung von Abrechnungsbeträgen
Dieses Beispiel behandelt die Größenverteilung von Abrechnungsbeträgen (Debitorenrechnungen). Die Statistik in Abbildung 4 zeigt die Häufigkeit der einzelnen Größenklassen auf einer Werteskala, die links bei Null anfängt und rechts bei 10.000 abgeschnitten ist,

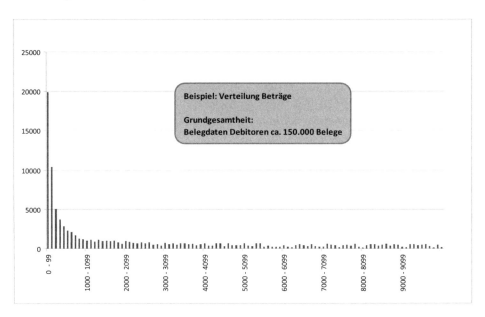

Abb. 4: Verteilung von Beträgen in Ausgangsrechnungen

Es liegt eine sehr typische degressive Form der Verteilung vor. Diese Form der Verteilung findet man oft auch bei Bestandsdateien, wie z. B. Forderungssalden o. ä.

118

Bei dieser Form der Verteilung besteht oft ein spezieller Zusammenhang zwischen der Größenklasse und ihrer Häufigkeit, der erkennbar wird, wenn man sowohl die Beträge als auch die Häufigkeiten logarithmisch skaliert.

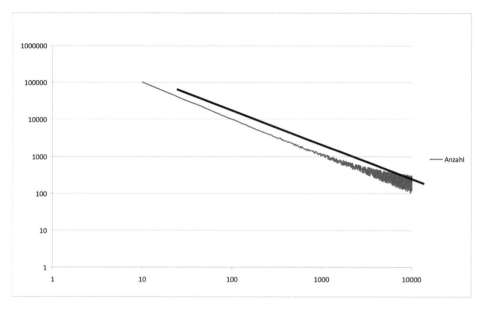

Abb. 5: Verteilung von Beträgen in Ausgangsrechnungen (logarithmische Skalierung)

Wenn man beide Dimensionen also die Beträge und die Häufigkeiten logarithmisch skaliert, ergibt sich im „Rumpf" der Verteilung ein *linearer* Zusammenhang zwischen Häufigkeit und Größe. Am Anfang, also bei den kleinen Beträgen wie auch bei den ganz großen Beträgen, ist dieser Zusammenhang weniger ausgeprägt. Hier erscheint die Verteilung eher diffus oder chaotisch.

Aus Prüfungssicht ließe sich die Verteilung so in eine A-B-C-Struktur gliedern. Den A-Bereich bilden die kleinen Beträge, die möglicherweise auch in der Summe keinen wesentlichen Anteil am Gesamtwert ausmachen. Den B-Bereich bilden die mittleren Werte, in denen der beschriebene lineare Zusammenhang besteht. Den C-Bereich bilden die ganz großen Werte. Bei der Prüfung eines solchen Bestandes könnten dann alle drei Bereiche mit unterschiedlichen Ansätzen geprüft werden.

Für die Prüfung des B-Bereichs wäre dann sicher eine analytische Prüfungshandlung interessant, die sich mit der Frage nach den Parametern der Geraden befasst, die näherungsweise den Verlauf der Häufigkeitsverteilung im B-Bereich bestimmt. Interessant ist hierbei die Frage, ob diese Parameter insbesondere die Steigung der Geraden über einen längeren Zeitraum als unverändert beobachtet werden können oder nicht.

Die Bestimmung der Geraden und ihrer Parameter kann man z. B. mit einer Tabellenkalkulation wie EXCEL durchführen. Die Bestimmung erfolgt nach der Methode der kleinsten Quadrate, die natürlich auch mit anderen Mitteln vorgenommen werden kann. (In Abbildung 5 ist die Näherungsgerade für das Beispiel in Abb. 4 eingezeichnet. Dabei wurde zur Verdeutlichung eine bewusste Verschiebung zur optimalen Position vorgenommen.) Weitere interessante Parameter sind die Grenzen der A-, B- und C-Bereiche. Hier könnte man ebenfalls versuchen, ein Modell aufzustellen, das diese Grenzen der Bereiche über einen längeren Zeitraum unverändert lässt bzw. unverändert annimmt.

Beispiel 3: Lorenzkurve und Gini-Koeffizient
Neben der in Beispiel 2 angesprochenen Frage der Verteilung eines Betrages ist für den Prüfer auch die Frage nach der Konzentration von Werten innerhalb einer Skala von Interesse. Die sog. *Lorenz-Kurve* (benannt nach dem amerikanischen Statistiker Max O. Lorenz, * 1880, † 1962) ist ein geeignetes Instrument, diese Konzentration zu veranschaulichen.

Die Lorenz-Kurve entsteht wie folgt:

1. *Sortierung* der Werte (aufsteigend)
2. Ermittlung der *kumulierten Werte*
3. Gegenüberstellung der *relativen Anzahl* (x-Achse) mit dem *relativen kumulierten Wert* (y-Achse)

Die Lorenz-Kurve zeigt dann, wie viel Prozent der Fälle wie viel Prozent des Gesamtwertes ausmachen. Sind alle Werte gleich, ergibt sich eine Gerade (=Diagonale).

Die Lorenz-Kurve hat folgende charakteristische Eigenschaften:

– die Kurve beginnt immer bei (0 % / 0 %) und endet immer bei (100 % / 100 %)
– die Kurve ist konvex
– die Kurve ist stetig
– die Kurve monoton steigend und befindet sich immer unter (ggf. auch auf) der Diagonalen

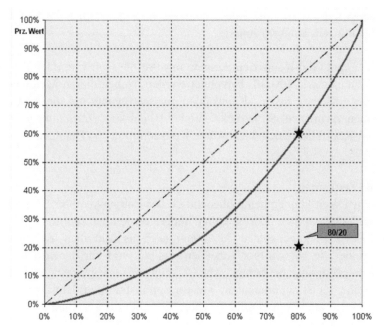

Abb. 6: Beispiel Lorenzkurve

Die Lorenz-Kurve in Abb. 6 zeigt an einem Beispiel zeigt, wie sich der Gesamtwert im Verhältnis zur Anzahl der Fälle entwickelt. So ist erkennbar, dass hier ca. 80 % der Fälle etwa 60 % des Wertes ausmachen.

Liegt der sog. *Pareto-Effekt* vor also: 20 % der Fälle entsprechen 80 % des Wertes, verläuft die Lorenz-Kurve durch den sog. Pareto-Punkt (vgl. Abb.). Dies würde eine erhebliche Konzentration der Werte bedeuten, in dem hier gezeigten Beispiel ist die Konzentration also erheblich niedriger.

Die Fläche zwischen der Lorenz-Kurve und der Diagonalen kann als Maß für die Ungleichheit der Werte aufgefasst werden. Der *Gini-Koeffizient* (benannt nach dem italienischen Statistiker Corrado Gini * 1884, † 1965) ist definiert als das doppelte der Fläche zwischen der Lorenz-Kurve und der Diagonalen. Der so definierte Gini-Koeffizient kann Werte zwischen 0 und 1 annehmen.

Beide Instrumente Lorenzkurve und Gini-Koeffizient können für entsprechende analytische Prüfungshandlungen verwendet werden. Wichtig sind hier vor allem Prüfungshandlungen zur Klärung von Hypothesen über die Konzentration von Daten. In vielen Fällen dürfte sich ergeben, dass sich sowohl der Verlauf der Lorenz-kurve als auch der Wert des Gini-Koeffizienten nur langsam ändern, wenn man mehrere Perioden (Jahre, Monate etc.) im Vergleich betrachtet. Dies liegt natürlich

121

daran, dass sich in vielen Fällen die Datenbasis auch hinsichtlich der Konzentration der Beträge nur sehr langsam ändert.

Lorenzkurve und Gini-Koeffizient können mit Prüfungssoftware oder Tabellenkalkulationssystemen wie EXCEL berechnet werden. Neben diesen Methoden stehen weitere Möglichkeiten insbes. Kennzahlen zur Verfügung, um die Konzentration von Beträgen zu messen. So berücksichtigt z.B. der sog. *Herfindahl-Index* anders als der Gini-Koeffizient auch die absolute Konzentration von Beträgen.[3]

Beispiel 4: Zeitreihen
Immer mehr Daten können heute hinsichtlich des Zeitpunkts ihrer Entstehung eindeutig zugeordnet werden oder enthalten andere eindeutige Zuordnungen zur Zeitachse. Es ist naheliegend, solche Daten dann auch als Zeitreihen[4] zu betrachten. In einer Zeitreihe wie wir sie hier verstehen wollen, wird ein *Betragsfeld* in seiner zeitlichen Veränderung betrachtet. Abb. 7 zeigt einen begrenzten Ausschnitt aus einer Zeitreihe. Es ist gut erkennbar, wie ein Betragsfeld (hier Umsätze aus zeitlich aufeinanderfolgenden Transaktionen) scheinbar willkürlich oszilliert.

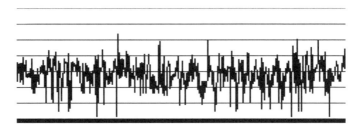

Abb. 7: Beispiel Zeitreihe (Ausschnitt)

Ausgehend von dieser Sicht „willkürlicher" sich ändernder Ursprungsdaten, ist natürlich die Frage interessant, ob solche unstrukturierten Daten erkennbare Muster oder Regelmäßigkeiten enthalten. Eine erste Analyse von Zeitreihen könnte z.B. darauf gerichtet sein, längerfristige Trends und Tendenzen in den Daten zu erkennen.

---

[3] Für einen ersten Überblick vgl. *Wikipedia* „Ungleichverteilungsmaße"
http://de.wikipedia.org/wiki/Ungleichverteilungsma%C3%9Fe.
[4] Für eine vertiefende Einführung zum Thema Zeitreihen vgl. Hartung (1999), Kapitel XII.

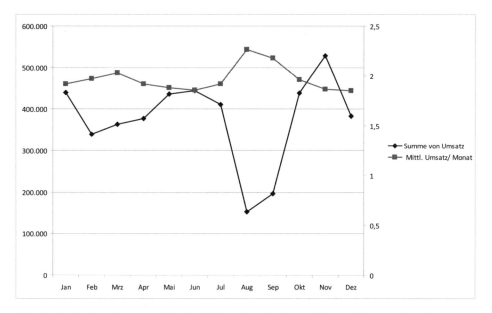

Abb. 8:   Verdichtete Zeitreihe „Umsätze" (kumuliert je Monat, Werteinheit gegenüber den Originaldaten verändert)

Abb. 8 zeigt die Verdichtung pro Monat für eine Zeitreihe von Umsätzen über einen Zeitraum von zwölf Monaten. Es wird ein klarer Jahreszyklus mit zwei eindeutigen Tendenzen erkennbar:

– Der *Gesamtumsatz des Monats* (untere Kurve, linke y-Achse) hat zwei ausgeprägte relative Tiefpunkte im Februar und August.
– Der *durchschnittlicher Umsatz je Transaktion und Monat* (obere Kurve, rechte y-Achse) erreicht etwa genau in den gleichen Monaten (März und August) seine relativen Höchstwerte.

Es sind also zwei fast genau gegenläufige Trends im Zyklus eines Jahres zu beobachten.

Die Betrachtung besonders von großen Datenmengen als Zeitreihe führt zu einer ungeheuer großen Menge an Informationen, die schrittweise sichtbar gemacht und dargestellt werden müssen, um überhaupt verständlich werden. Diese Tatsache steht in einem merkwürdigen Kontrast zum Erscheinungsbild der Ursprungsdaten (vgl. Abb. 7), die in unserem Beispiel zunächst völlig chaotisch und unstrukturiert erscheinen. Gerade Zeitreihen sind ein hervorragendes Beispiel dafür, wie viel „verborgene" Information in Daten stecken kann. Trends sind dabei nur ein Teil der Information die aus Zeitreihen extrahiert werden kann.

123

Betrachtet man die gleichen Daten innerhalb eines zufällig ausgewählten Tages und ersetzt die eben gewählte Verdichtung pro Monat durch eine Verdichtung pro Minute, dann ergibt sich das folgende Bild:

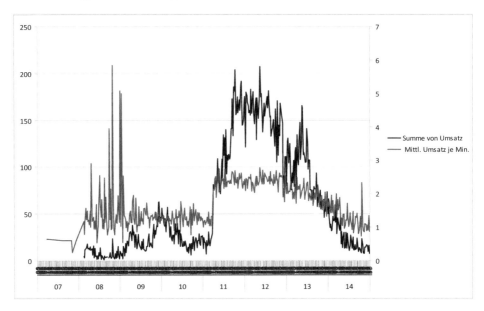

Abb. 9: Intraday-Chart Umsatz (Umsätze pro Minute, Werteinheit gegenüber den Originaldaten verändert)

Abb. 9 zeigt den Ausschnitt des ausgewählten Tages (ca.7 Std.). Es sind zwei Kurven dargestellt:

– *Gesamtumsatz pro Minute* (unten links beginnend, linke y-Achse)
– *Durchschnittlicher Umsatz pro Minute* (oben links beginnend, rechte y-Achse)

Abstrahiert man von einzelnen Details, werden zwei große Trends erkennbar:

1. Der *durchschnittliche Umsatz pro Minute* erreicht in den ersten Stunden markante Spitzenwerte, die im weiteren Verlauf des Tages nicht mehr erreicht werden.
2. Der *Gesamtumsatz pro Minute* steigt im Verlauf des Tages sukzessive auf ein relatives Maximum. Dieses Maximum bleibt für ca. eine Stunde nahezu unverändert bestehen.

Diese beiden Beispiele zeigen, dass abhängig von verschiedenen Verdichtungen der Zeitskala ganz unterschiedliche Informationen – in diesem Fall Trends – aus einer Zeitreihe abgeleitet werden können. Auch hier ist offensichtsichtlich, wie analytische Prüfungshandlungen basierend auf der Analyse von Trends in Zeitreihen durchgeführt werden können. Typischerweise wird hier der Prüfer zunächst versuchen zu erkennen, welche Trends tatsächlich über einen längeren Zeitraum unverändert geblieben sind. So kann er z. B. den in Abb. dargestellten 12-Monats-Zyklus mit dem aus den Vorjahren vergleichen. Er kann aber auch versuchen zu verifizieren, ob die beschriebenen Trends im Intraday-Zyklus (vgl. Abbildung 9) tatsächlich für das ganze Jahr typisch sind.

Prüfungssoftware und Tabellenkalkulationsprogramme können den Prüfer auch hier unterstützen. Zeitreihenuntersuchungen können auch für Felder durchgeführt werden, die keine Betragsfelder sind.

Das Besondere an der Untersuchung von Zeitreihen bleibt dabei immer, dass entscheidende Informationen im Wesentlichen nur aus der zeitlichen Aufeinanderfolge der Ausprägungen *eines* bestimmten Feldes abgeleitet werden.

Beispiel 5: Benford's Gesetz
Abschließend sollen noch Beispiele zum Thema „Ziffernverteilung" vorgestellt werden. Die Analyse von Daten, genauer: Betragsfeldern, nach dem sog. *Benford'schen Gesetz* wird vielfach von Prüfern praktiziert. Wir wollen unsere Darstellung deshalb mit einer kurzen Vorstellung einer Vorgehensweise beginnen, wie sie in dieser Form wohl von vielen der Prüfern angewendet werden dürfte.

1. *Ist-Verteilung der Anfangsziffern* aus dem zugrunde liegenden Betragsfeld ermitteln.
2. Durchführung eines *statistischen Anpassungstests*. Dabei wird die *Benford-Verteilung* als Sollverteilung angenommen (typischerweise χ^2- oder *Kolmogorov-Smirnov-Test*).
3. Identifikation der *„kritischen" Anfangsziffernkombinationen* anhand von statistischen Ober- und Untergrenzen für die Kombinationen entsprechend Benford's Law.
4. *Filtern der Einzelfälle* mit den kritischen Anfangsziffernkombinationen (Häufigkeit-Ist > Häufigkeit-Soll).
5. *Einzelfallprüfung* der ausgewählten Fälle (vollständig bzw. in Stichproben).

Das beschriebene Vorgehen wird in Abbildung 10 veranschaulicht. Eine gute Darstellung dieser Vorgehensweise findet man z. B. in Odenthal (2004). (Eine umfassende Bibliographie zu Benford's Gesetz insgesamt ist Hürlimann (2006)).

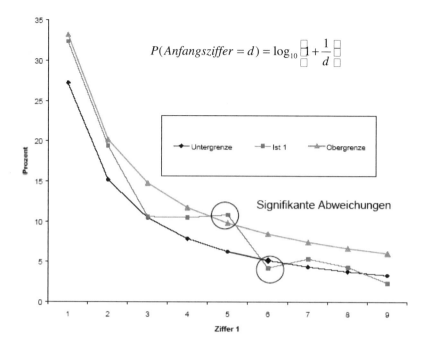

$$P(Anfangsziffer = d) = \log_{10}\left[1 + \frac{1}{d}\right]$$

Abb. 10: Benford-Analyse (Ist-Werte) mit Unter- und Obergrenzen für ein Konfidenzniveau von 95 %

Zunächst handelt es sich dabei um eine analytische Prüfungshandlung, die es erlaubt, globale Prüfungsaussagen zur Ziffernverteilung eines Betragsfelds zu machen. Hier kann man z. B. durch Periodenvergleiche feststellen, ob die Ziffernverteilung in der Gegenüberstellung der Perioden im Wesentlichen unverändert geblieben ist oder nicht.

Eine ganz andere und wesentlich komplexere Frage ist, ob grundsätzlich eine „Ziffernverteilung nach Benford" erwartet werden kann oder nicht bzw. unter welchen Voraussetzungen dies der Fall ist. Wir können diese Frage hier nicht abschließend behandeln, möchten aber einige Hinweise anhand von Beispielen geben (vgl. auch Töller (2007)). Die Beispiele zeigen jeweils die Verteilung der ersten beiden Ziffern im Vergleich zur Benford-Verteilung.

Das erste Beispiel in Abb. zeigt einen „positiven" in Bezug auf die Anpassung an die Fall Benford-Verteilung. Soll- und Ist-Verteilungen liegen eng beieinander. Hier kann der Prüfer z. B. im Vergleich von verschiedenen Perioden feststellen, dass die Benford-Verteilung wie erwartet in den Daten der laufenden Periode verifiziert werden konnte.

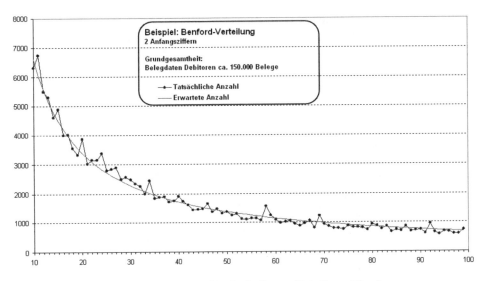

Abb. 11: Beispiel mit guter Anpassung an Benford's Gesetz (2 Anfangsziffern)

Das zweite Beispiel (vgl. Abb. 12) zeigt einen „kritischen" Fall aus der Praxis, Soll- und Ist-Verteilung haben hier offenbar wenig miteinander zu tun. Dies liegt in diesem Fall offenbar daran, dass alle Anfangsziffernkombinationen der Form „x0" und „x5" zu häufig vorkommen. Es handelt sich also um einen Fall, in dem die oben beschriebene Vorgehensweise ein spezifisches „Muster" der Abweichung liefert. Auch die genaue Kenntnis über die Art der Abweichung von der Benford-Verteilung kann also für den Prüfer nützlich sein.

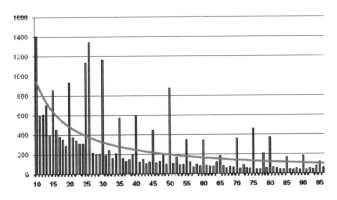

Abb. 12: Beispiel mit schlechter Anpassung an Benford's Gesetz (2 Anfangsziffern)

Das dritte Beispiel (vgl. Abb. 3) zeigt ein ganz anderes Phänomen. Offenbar folgen die hier verwendeten Beträge einer ganz anderen „Logik". Es handelt sich im vorliegenden Fall um normalverteilte Zufallszahlen mit einer Varianz >> 1.

Es ist erkennbar, dass analytische Prüfungshandlungen, deren Erwartungswert von einer Benford-Verteilung der Anfangsziffern ausgeht, im vorliegenden Fall nicht sachgerecht sind.

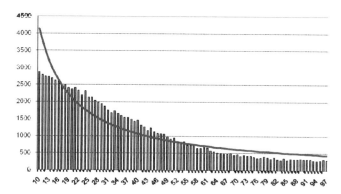

Abb. 13: Beispiel mit abweichender Ziffernverteilung (2 Anfangsziffern)

Ein entsprechendes Beispiel aus der Praxis findet man in Hungerbühler (2007):

„Die Danish fire insurance data sind eine Sammlung von 2167 Schadensfällen von über einer Million Kronen (Werte 1985). Man hat empirisch festgestellt, dass diese Daten gut zu einer Pareto-Verteilung passen. ... Die Abbildung ... zeigt die ... (spezifische) Verteilung der führenden Ziffern und die hervorragende Übereinstimmung mit dem realen Datensatz. Rechts daneben ist zum Vergleich auch noch die Benford-Verteilung angegeben, die hier deutlich abweicht.“

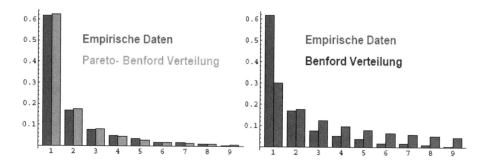

Abb. 14: Ziffernverteilung für Pareto-verteilte Daten (nach Hungerbühler (2007))

Hungerbühler nennt den entscheidenden Grund für diese Art der Abweichung gegenüber Benford's Gesetz. Der Grund ist wie in unserem dritten Beispiel die Verteilung, die den Beträgen selber zugrunde liegt. Vom statistisch-mathematischen aus ist hier zu berücksichtigen, dass zu jeder Verteilung bzw. Verteilungsfamilie eine *spezifische Anfangsziffernverteilung* gehört. Diese Ziffernverteilung kann der Benford-Verteilung mehr oder weniger ähnlich sein. Die große praktische Bedeutung der Benford-Verteilung liegt darin, dass in vielen praktischen Fällen Verteilungen zugrunde liegen, deren spezifische Anfangsziffernverteilung von der Benford-Verteilung nicht wesentlich abweicht[5]. Diesen Umstand muss der Prüfer bei der Bildung des Erwartungswertes für eine analytische Prüfungshandlung, die auf der Verteilung von Anfangsziffern basiert, angemessen berücksichtigen.

4 Zusammenfassung

Analytische Prüfungshandlungen können sowohl in der Prüfungsplanung, Prüfungsdurchführung und der abschließenden Durchsicht angewendet werden. Im Detail zeigt diese Anwendungsbereiche auch die folgende Graphik (vgl. Kayadelen (2008) S. 37)

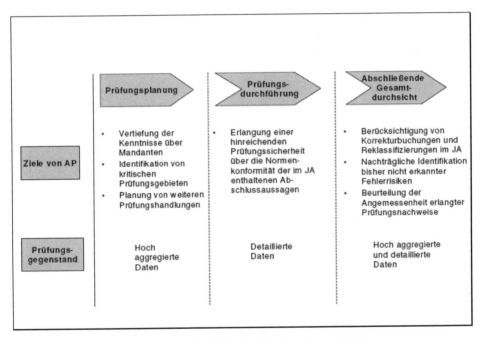

Abb. 15: Anwendungsbereiche von analytischen Prüfungshandlungen in der
Jahresabschlussprüfung

Bei der Prüfungsdurchführung sind aus unserer Sicht zusätzlich zu den im Prüfungsalltag zur Zeit eingesetzten, doch eher subjektiv durch die Erfahrung des Prüfers geprägten analytische Prüfungshandlungen, in Zukunft auch die statistischen

---

[5] Zur weiteren Diskussion des Beispiels von Hungerbühler vgl. Töller (2007).

Verfahren zur Bildung eines Erwartungswertes mehr einzusetzen. Diese statistischen Verfahren haben gegenüber den „nicht-statistischen" modelbasierten Verfahren den Vorteil, dass die Erwartungsbildung gerade nicht vom intersubjektiv differierenden Wissen und Können abhängig gemacht wird, sondern objektiviert durch den Ansatz.

Abschließend lässt sich feststellen:

– Analytische Prüfungshandlungen sind elementarer Bestandteil des risikoorientierten Prüfungsansatzes.
– Analytische Prüfungshandlungen können wesentlich auch als IT-gestützte Prüfungshandlungen durchgeführt werden.
– Analytische Prüfungshandlungen mit mathematisch-statistischem Hintergrund können zur Bestimmung von längerfristig gültigen Invarianten und Parametern herangezogen werden.
– Sachverhalte und Strukturen, die durch analytische Prüfungshandlungen verifiziert werden, sind die Basis einer erfolgreichen Kommunikation zwischen Abschlussprüfung und Interner Revision.

Literaturverzeichnis

Hartung, Joachim u. a. (1999): „Lehr- und Handbuch der angewandten Statistik." 12. Auflage
Verlag Oldenbourg, München, Wien

Hungerbühler, Norbert (2007): „Benfords Gesetz über führende Ziffern: Wie die Mathematik Steuersündern das Fürchten lehrt" http://www.educeth.ch (28.08.2007)

Hürlimann, Werner (2006): „Benford's law from 1881 to 2006: a bibliography." http://arxiv.org (28.08.2007)

IDW Prüfungsstandard: Prüfungsnachweise im Rahmen der Abschlussprüfung (IDW PS 300) (Stand: 06.09.2006)

IDW Prüfungsstandard:Analytische Prüfungshandlungen (IDW PS 312) (Stand: 02.07.2001)

IDW Prüfungsstandard: Abschlussprüfung bei Einsatz von Informationstechnologie (IDW PS 330) (Stand: 24.09.2002)

INTERNATIONAL STANDARD ON AUDITING 520 ANALYTICAL PROCEDURES (Effective for audits of financial statements for periods beginning on or after December 15, 2004)

Kayadelen, Engin(2008): „Zur Durchführung analytischer Prüfungshandlungen in der Abschlussprüfung" *VDM Verlag Dr. Müller*

Odenthal, Roger (2004): „Digitale Ziffern- und Zahlenanalysen. Strategien zur Ermittlung unterschlagungsrelevanter Faktoren in Datenbeständen"
http://www.elektronische-steuerpruefung.de/pruefsw/ziffernanalyse.pdf (28.08.2007)

Töller, Ernst-Rudolf (2007): „Auswertung von Massendaten: Benford's Law als Instrument in der Prüfung", in:

Herde, Georg u. a. (2007): „1. Deggendorfer Forum zur digitalen Datenanalyse", *rtw-Verlag, Deggendorf*

Aufgaben der Abschlussprüfung bei unvollständigen Kontrollprozessen im Mittelstand

Christian Hoferer
Geschäftsführer der Hoferer + Partner GmbH

Hoferer + Partner GmbH
Wirtschaftsprüfungsgesellschaft – Steuerberatungsgesellschaft
Prüfer für Qualitätskontrolle
Farnweg 2a,
77728 Oppenau
www.hoferer-partner.de

Inhaltverzeichnis

Kurztext

Bei der Zusammenarbeit zwischen dem Abschlussprüfer und mittelständischen Unternehmen ist deren besondere Situation und Charakteristik zu berücksichtigen. So stehen hier die vorherrschenden Kontrollschwächen im Mittelstand und ihre Auswirkungen auf die Arbeit des Abschlussprüfers im Mittelpunkt. Dieser Beitrag soll Ihnen bei der Weiterentwicklung der internen Kontrollsysteme und ihre Begleitung durch die Abschlussprüfung helfen und die Möglichkeiten und Grenzen der Zusammenarbeit zwischen Interner Revision und Abschlussprüfer aufzeigen.

Schlüsselwörter

Interne Revision; Abschlussprüfer; Mittelstand; Prüfungsauftrag; Internes Kontrollsystem; Kontrollschwächen; KMU

Teil 1: Kontrollschwächen im Mittelstand und ihre Auswirkungen auf die Abschlussprüfung

Zunächst steht die Frage im Raum, welche Anforderungen stellt die bundesdeutsche Rechtsordnung an die Kontroll-, Überwachungs- und Steuerungsprozesse in Unternehmen des Mittelstandes?

Ausgangspunkt der Betrachtung ist selbstverständlich die Regelung des § 91 Absatz 2 AktG, der als Generalklausel für die Einführung von Risikofrüherkennungssystemen anzusehen ist. Danach hat der Vorstand einer Aktiengesellschaft geeignete Maßnahmen zu treffen, insbesondere ein Überwachungssystem einzurichten, damit den Fortbestand der Gesellschaft gefährdende Entwicklungen früh erkannt werden.

Wie diese Forderung des Gesetzgebers zu verstehen ist, erschließt sich aus der Regierungsbegründung zum KonTraG. Hiernach hat der Vorstand für

— ein angemessenes Risikomanagement und
— eine angemessene interne Revision zu sorgen.

Die Ausstrahlungswirkung dieser Regelung auf den Mittelstand wird heute allgemein anerkannt und ergibt sich beispielsweise auch aus der Begründung zum Regierungsentwurf bezüglich § 91 AktG. Danach ergibt sich die Ausstrahlung über die Generalklauseln für den Pflichtenrahmen von Geschäftsführern anderer Rechtsformen. Als Vorschriften kommen hierfür in Frage:

— § 43 Absatz 1 GmbHG für die GmbH
— Artikel 51 Verordnung (EG) 2157/2001 (SE) für die Europäische Aktiengesellschaft
— § 347 HGB (Umfang fraglich) für alle Kaufleute

1 Typische Situationen bei mittelständischen Unternehmen

1.1 Fehlende oder nicht dokumentierte Unternehmensplanung

Eine in einer Vielzahl von mittelständischen Unternehmen übliche Situation ist das gänzliche Fehlen einer dokumentierten Unternehmensplanung.

135

Häufig hat der Unternehmer zwar sehr konkrete Vorstellungen über

- die Entwicklung des Unternehmens in der Zukunft,
- die konkreten Ursachen für den wirtschaftlichen Erfolg oder Misserfolg der Vergangenheit und eine daraus abgeleitete Strategie für die Zukunft. Häufig ist dies sogar verbunden mit einem umfangreichen aber ebenfalls nicht dokumentierten Maßnahmenbündel zur Umsetzung dieser Strategie.

Problematisch hieran ist aber neben den Problemen, die regelmäßig bei Finanzierungsverhandlungen aus diesem Umstand entstehen, vor allem das fehlende betriebswirtschaftliche Verständnis für die Ursache-/ Wirkungszusammenhänge der maßgeblichen Treiber für Deckungsbeiträge und Prozess- oder Teilkosten.

1.2   Nicht dokumentierte Unternehmensorganisation

Sehr häufig ist im Mittelstand lediglich die Aufbauorganisation dokumentiert, eine systematische Dokumentation der Ablauforganisation existiert jedoch nur in eingeschränktem Umfang oder ist ausschließlich dezentral verfügbar. Hin und wieder existieren auch Dokumentationen, die im Unternehmen aber nicht als solche wahrgenommen werden. Dies ist in nicht wenigen Fällen mit ISO Zertifizierungen der Fall. Deren Dokumentationen können in bestimmten Bereichen auch für den Abschlussprüfer von hohem Interesse sein.

1.3   „Unschärfen in der Abgrenzung der Vermögenssphäre zwischen Unternehmer und Unternehmen" (PH 9.100.1)

Diese Formulierung ist dem Prüfungshinweis unseres Berufsstandes über Besonderheiten der Abschlussprüfung kleiner und mittelgroßer Unternehmen entnommen. Trotz dieser freundlichen Umschreibung liegt genau in diesem Bereich bei Mittelständlern ein besonderes Problem bei der Frage von Kontrollen vor.

Bei Personengesellschaften wird dies Unternehmern auch ausgesprochen leicht gemacht eine Vermischung herbeizuführen. Gleichzeitig kommt noch das fehlende Kontrollinteresse dazu, das den Unternehmer nicht gerade motiviert gegen sich selbst gerichtete Kontrollen einzuführen. Sofern dies doch eingerichtet sein sollte, besteht aber weiterhin die Problematik eines möglichen Management Override.

1.4 Konzentration des unternehmensspezifischen Wissens bei nur wenigen Personen

Im Mittelstand ist das gesamte unternehmensspezifische Wissen oft nur bei einer Person vorhanden.

1.5 Konzentration des fachspezifischen Wissens bei nur wenigen Fachmitarbeitern

Regelmäßig liegt u. a. in den Bereichen Datenverarbeitung, Kalkulation, Produktionsplanung oder Einkauf im Mittelstand eine Konzentration auf wenige oder einzelne Mitarbeiter vor, die bereits im Urlaubs- oder Krankheitsfall zu Problemen bei der Aufrechterhaltung einer systemkonformen Arbeitsweise führen.

1.6 Konzentration der rechnungslegungsrelevanten Informationen bei nur wenigen Mitarbeitern im Rechnungswesen

Eine Konzentration der rechnungslegungsrelevanten Informationen stellt ein Problem für die Entscheidungsprozesse der Mittelständler dar, wenn erforderliche Informationen nicht an den notwendigen Stellen (Einkauf, Vertrieb) vorliegen.

Darüber hinaus sind die Prinzipien der Funktionstrennung oft genug nicht einzuhalten.

1.7 Softwareeinsatz

Mittelständler setzen in den einzelnen Teilbereichen häufig Standardsoftware unterschiedlicher Hersteller und Systeme ein. Dieser meist funktionsbezogene Einsatz führt zu umfassenden Schnittstellenproblemen über deren Tragweite sich die Firmen wiederum nur zum Teil im Klaren sind.

2 Besonderheiten des Internen Kontrollsystems bei KMU

Im Mittelstand weisen die Internen Kontrollsysteme typische Besonderheiten auf, die für die Prüfung Bedeutung haben.

- Eine Funktionstrennung ist aufgrund der geringen Zahl an Mitarbeitern nicht oder nur eingeschränkt möglich.
- Wichtige Vorgänge und Arbeitsabläufe werden häufig nur durch eine andere Person kontrolliert
- Regelungen zum Internen Kontrollsystem sind häufig nicht schriftlich festgehalten

– Regelungen zum Internen Kontrollsystem werden häufig durch Management Override außer Kraft gesetzt
– Eigenständige Funktionen Controlling oder Interne Revision existieren in KMUs oft nicht
– Das interne Kontrollsystem wird durch High-Level-Kontrollen ergänzt.

3 Vorgehen der Abschlussprüfung

Die Frage wie die Abschlussprüfung mit diesen Besonderheiten umgeht beantwortet ein Prüfungshinweis des Instituts der Wirtschaftsprüfer (PH 9.100.1). Aus diesem seien folgende Einlassungen zitiert:

„Der AP achtet [...] auf den Gesamteinfluss der gesetzlichen Vertreter [...], ob diese ein positives Kontrollbewusstsein besitzen [...]."

Ein positives Kontrollumfeld kann *„auch dadurch zum Ausdruck kommen, dass die Bedeutung von Integrität und ethischem Verhalten gegenüber den Mitarbeitern mündlich kommuniziert und von der Unternehmensleitung vorgelebt wird."*

„Eine gering ausgeprägte Arbeitsteilung kann bewirken, dass sich unterschiedliche Bereiche nicht ausreichend gegenseitig kontrollieren und dies z. T. durch andere Kontrollverfahren ausgeglichen wird." (High-Level-Controls)

Beim Lesen des Prüfungshinweises kann einen gelegentlich der Verdacht beschleichen, dass auch das IDW beim Abfassen dieses Hinweises sich der Begrenztheit menschlicher Erkenntnis bewusst war.

Teil 2: Weiterentwicklung der internen Kontrollsysteme und ihre Begleitung durch die Abschlussprüfung

Die IKS Systemprüfung im Rahmen der Abschlussprüfung erbringt Erkenntnisse über vorhandene aber undokumentierte Bestandteile eines IKS. Dabei sind in Abhängigkeit der gesetzten Prüfungsschwerpunkte die wesentlichen rechnungslegungsrelevanten Bereiche erfasst.

Darüber hinaus erbringt die IKS Systemprüfung Erkenntnisse über notwendige Verbesserungen in den Internen Kontrollsystemen. Dabei zeigen die Aufbauprüfung und die Funktionsanalyse Schwächen der Konzeption auf, während die Wirksamkeitstests ,Schwächen in der Umsetzung oder Einhaltung des IKS aufzeigen.

Weiterhin gewinnt der Abschlussprüfer (vorläufige) Erkenntnisse über das Ausmaß des Aufwands für notwendige oder sinnvolle Verbesserungen. Die Qualität dieser Erkenntnisse wird wesentlich von der Erfahrung der Mitglieder des Prüfungsteams geprägt sein.

Die im Rahmen jeder Abschlussprüfung gewonnenen und gerade beschriebenen, Erkenntnisse müssen natürlich nicht nur Eingang in die Arbeitspapiere der Abschlussprüfung finden, sondern darüber hinaus auch an den Kunden kommuniziert werden. Wie kann diese Kommunikation aussehen?

1   IKS Systemprüfung und die Kommunikation der Arbeitsergebnisse
Am Anfang steht natürlich die Aufklärung über Pflichten der Geschäftsleitung zur Einrichtung eines Systems nach §91 (2) AktG und gegebenenfalls die jeweiligen Ausstrahlungseffekte auf die gerade einschlägige Rechtsform. Selbstverständlich sollte auch eine Aufklärung über die damit verbundenen Haftungsrisiken erfolgen.

Wesentlichster und für den Erfolg der erwünschten Verbesserungen maßgeblicher Teil der Kommunikationsstrategie ist jedoch die Aufklärung über die mit verbesserten Kontrollsystemen verbundenen Chancen.

– Hierzu zählt die Tatsache, dass Verbesserungen helfen Fehler zu vermeiden und zu erkennen,
– dass sie Vermögensschäden zu vermeiden helfen
– und in bestimmten Fällen geeignet sind die Kundenzufriedenheit zu steigern. Beispielsweise vermitteln verlässliche, transparente (dem Kunden auch erklärbare) und wieder erkennbare Geschäftsprozesse Kundenzufriedenheit. (Im Übrigen gilt dies auch für die Abschlussprüfung selbst)
– Derartige Prozesse helfen aber auch Mitarbeiterzufriedenheit zu steigern, in dem Verantwortlichkeiten und Qualitätskriterien innerhalb der Geschäftsprozesse festgehalten werden.
– Die Steigerung der Effizienz im Unternehmen ist ein Argument, das der Geschäftsleitung gegenüber verwendet werden kann soweit Kontrollen mehrfach, unsystematisch und undokumentiert erfolgen.

Zur Kommunikation mit dem Kunden ist weder der Management Letter noch die Schlussbesprechung ein geeignetes Instrument. Dies sollte in einem gesonderten Gespräch erfolgen. Aus diesen Gesprächen könnte ein Beratungsauftrag resultieren, sofern der Abschlussprüfer diesen dann auch annehmen darf.

2   Beratungsauftrag und Prüfungsauftrag (rechtlicher Rahmen)

Darf denn der Abschlussprüfer überhaupt einen derartigen Beratungsauftrag annehmen, oder gibt es Ausschlussgründe die dies verhindern?

Bei allen Pflicht- und freiwilligen Prüfungen gilt (§ 319 (3) Satz 1 Nr. 3 lit. b HGB):

> „Ein Wirtschaftsprüfer […] ist insbesondere von der Abschlussprüfung ausgeschlossen, wenn er […]
> über die Prüfungstätigkeit hinaus […]
> bei der Durchführung der internen Revision in verantwortlicher Position mitgewirkt hat, […]"

Bei Unternehmen von öffentlichem Interesse muss dagegen folgender Ausschlussgrund berücksichtigt werden: (§ 319a (1) Satz 1 Nr. 3 HGB):

> „Ein Wirtschaftsprüfer ist [...]
> auch dann von der Abschlussprüfung eines Unternehmens, das einen organisierten Markt [...] in Anspruch nimmt, ausgeschlossen,
> wenn er [...] über die Prüfungstätigkeit hinaus
> in dem zu prüfenden Geschäftsjahr
> an der Entwicklung, Einrichtung und Einführung von Rechnungslegungsinformationssystemen mitgewirkt hat,
> sofern diese Tätigkeit nicht von untergeordneter Bedeutung ist, [...]"

Aktuell ist im WPK Magazin zu § 22a der Berufssatzung eine Klarstellung erfolgt, dass der Anwendungsbereich von § 319a (1) HGB durch die Berufssatzung nicht auf alle Unternehmen ausgedehnt werden soll. Die bisherige Formulierung der Berufssatzung war insoweit missverständlich.

3 Beratungsauftrag und Prüfungsauftrag (Spielraum)

Wie sieht der Spielraum im Falle eines mittelständischen Kunden für die Annahme eines Beratungsauftrags aus?

Zunächst stellen wir fest, dass die Beratung zur Einrichtung der Internen Revision oder interner Kontrollsysteme keinen Ausschlussgrund darstellt. Insofern stellt bei mittelständischen Unternehmen die logische Fortführung der IKS Prüfung hin zur begleitenden Einrichtung und Verbesserung der Systeme unserer Kunden kein Problem dar.

Dies gilt explizit nicht für kapitalmarktorientierte Unternehmen. Wie in § 319 HGB beschrieben, ist allerdings die Durchführung der Internen Revision natürlich unzulässig.

Stellt die Überlassung von Prüfungsergebnissen, die üblicherweise Ergebnisse der Internen Revision wären, unter bestimmten Rahmenbedingungen einen Ausschlussgrund dar? Kann also das Verbot des § 319 HGB umgangen werden, in dem der Prüfer die Interne Revision quasi innerhalb des Prüfungsauftrags abwickelt?

Diese Fragestellung ist nach meinem Kenntnisstand derzeit nicht leicht zu beantworten. Die Frage, welche Kriterien heranzuziehen sind, ist offen. Persönlich würde ich der Frage inwieweit die Geschäftsleitung des Mandanten ihre Pflichten bereits selbst erfüllt oder erfüllen müsste, in diesem Zusammenhang jedoch besondere Bedeutung beimessen. Die Frage nach einer Abgrenzung zwischen Interner und externer Revision scheint mir hingegen nicht zielführend.

4 Beratungsziele

Wie werden die typischen Beratungsziele des Abschlussprüfers aussehen?

Diese werden darauf ausgerichtet sein, die

- Dokumentationslücken zu schließen,
- die Kontrolllücken zu schließen,
- Funktionstrennungen an den notwendigen Stellen zu errichten,
- Dokumentation von High Level Controls zu erstellen und die Dokumentation der Durchführung zu veranlassen.
- Dokumentationen von Schnittstellen zu veranlassen und die Festlegung notwendiger Abstimmkontrollen zwischen den Systemen.
- Ziel der Beratung ist es insbesondere auch das Verständnis im Unternehmen über die Bedeutung von Prozessabläufen und der Dokumentation der Geschäftsprozesse auf allen Ebenen zu fördern.

Darüber hinaus sind natürlich viele weitere Beratungsschritte denkbar. Einer dieser weiteren Beratungsschritte könnte insbesondere auch auf die Einrichtung einer Internen Revision gerichtet sein.

Teil 3: Möglichkeiten und Grenzen der Zusammenarbeit mit der Internen Revision

1   Ausgangssituation

Wie organisiert sich die Interne Revision im Mittelstand?

Selbstverständlich gibt es auch bei mittelständischen Unternehmen solche, die ausgeprägte Interne Revisionsabteilungen eingerichtet haben. Dies ist allerdings eine Situation, die häufig noch nicht in der Generation der Firmengründer anzutreffen ist. Allerdings hat sich diese Situation in den vergangen Jahren nach meiner Beobachtung verbessert.

Bei manchen mittelständischen Unternehmen werden die Interne Revision bzw. einzelne Aufgaben derselben durch eine einzelne Person im Unternehmen ausgeübt. Diese Person zeichnet sich dann allerdings in der Regel durch eine besondere Nähe und ein besonderes Vertrauensverhältnis zur Geschäftsleitung aus.

In einer Vielzahl mittelständischer Unternehmen besteht keine Interne Revision. Über das ganze Unternehmen verteilt werden häufig allerdings bestimmte Funktionen und Aufgaben einer Internen Revision wahrgenommen.

Diese Strukturen gilt es im Rahmen der IKS Prüfung zu identifizieren dann bei der Prüfung auf diesen aufzubauen.

2   Idealtypische Zusammenarbeit mit der Internen Revision

Wie sieht aus Sicht des Abschlussprüfers die idealtypische Zusammenarbeit mit der Internen Revision aus?

1. Der Abschlussprüfer bittet um Vorlage eines Prüfungsplans der Internen Revision für den Prüfungszeitraum und einen bestimmten Zeitraum davor und danach.
2. Er sieht die Prüfprogramme auf Ihre Relevanz für die Abschlussprüfung durch und gleicht sie mit den Prüfungsschwerpunkten der jeweiligen Prüfung ab.

3. Für einen ausgewählten Bereich sieht der Prüfer die Prüfberichte der Internen Revision sowie der zugehörigen Systemdokumentationen durch und verwertet Sie im Rahmen der Prüfungsplanung und der Prüfungsdurchführung.
4. Um ein abschließendes Bild über den Prüfungsgegenstand zu erhalten, führt der Prüfer Gespräche mit dem Revisor, der die Prüfung durchgeführt hat
5. und verwertet die Ergebnisse für die eigene Prüfung, in dem er daraus ein eigenes Prüfungsurteil ableitet.
6. Schlussendlich spricht der Abschlussprüfer dem Kunden gegenüber Empfehlungen aus.
7. Im Folgezeitraum überprüft der Abschlussprüfer die Umsetzung der Erkenntnisse aus der Internen Revision.

3 Vorteile dieser Zusammenarbeit

Für den Abschlussprüfer besteht der Vorteil der Zusammenarbeit insbesondere in einer dramatischen Steigerung der Prüfungseffizienz, da bestimmte Prüfungsschwerpunkte zwingend eine Systemaufnahme erfordern und diese Arbeit zugunsten der Auswertung der Erkenntnisse sowie der Verwertung von Kontrollen und Dokumentationen im Prüfungsprozess.

Gleichzeitig ergibt sich eine Steigerung in der Wirksamkeit der Prüfung, da auf die Kenntnisse der Internen Revision zurückgegriffen wird, die sich das ganze Jahr im Unternehmen befindet und sich insofern sowohl mit den Abläufen des betroffenen Unternehmens als auch mit den handelnden Personen entscheidend besser auskennt.

Für die Interne Revision kann die Zusammenarbeit mit dem Abschlussprüfer ebenfalls Vorteile bringen. Dies ergibt sich bereits aus der Artverwandtheit des Auftrags von Interner und externer Revision. Die externe Revision kann aufgrund der Sanktionsmöglichkeiten die ihr zur Verfügung stehen beim Enforcement von Revisionsergebnissen entscheidend unterstützen. Oft sind die dem Abschlussprüfer zur Verfügung stehenden Kommunikationswege zu den Entscheidungsträgern (zumindest im Mittelstand) unmittelbarer.

Die Abstimmung der Prüfprogramme zwischen Abschlussprüfer und Interner Revision kann sowohl die Effizienz als auch die Effektivität steigern. Eine derartige Maßnahme wäre beispielsweise die Überwachung der Umsetzung durch die Abschlussprüfung, die diese Kontrollen ohnehin durchführen muss.

Durch die Zusammenarbeit zwischen Interner und externer Revision kann auch die Gesamtstellung der Internen Revision im Unternehmen stärken.

4   Zielkongruenz von Interner Revision und Abschlussprüfer

Bestehen zwischen den Zielen des Abschlussprüfers und den Zielen der Internen Revisoren Übereinstimmungen?

Dafür gehen wir die Ziele einfach durch:

Ziele	Übereinstimmung
Vermögenssicherung: Auch die Abschlussprüfung hat als Ziel Aussagen über die Erfüllung des Gläubigerschutzes zu treffen und hierzu gehört auch die Sicherung des Vermögens.	ja
Erhöhung des Entdeckungsrisikos für dolose Handlungen: Allgemein ist die Wirkungsweise von interner und externer Revision auf eine Verringerung des Kontrollrisikos im Unternehmen ausgerichtet. Hierdurch werden sowohl unabsichtliche Fehler (error) als auch bewusste Fehler (fraud) bekämpft.	ja
Prüfung der Finanzberichterstattung auf Vollständigkeit, Richtigkeit und Zeitnähe	ja
Einhaltung von Unternehmensrichtlinien	Soweit Rechnungslegungsbezug vorhanden Die Interne Revision hat insoweit einen umfassenderen Auftrag.
Einhaltung gesetzlicher Rahmenbedingungen	soweit Rechnungslegungsbezug vorhanden

Insgesamt stimmen also die Ziele der Internen und externen Revision soweit überein, dass eine Zusammenarbeit naheliegt.

5   Werkzeugeinsatz

Welche Möglichkeiten bieten sich hinsichtlich eines gemeinsamen Werkzeugeinsatzes?

Soweit im Unternehmen eine interne Revision existiert können die im Unternehmen vorhandenen Datenanalysewerkzeuge genutzt werden, da diese in der Regel schneller und umfänglicher an die Unternehmensdaten gelangen als die Werkzeuge des Prüfers, die für den Einsatz beim Mandanten erst angepasst werden müssen.

In umgekehrter Richtung kann der Abschlussprüfer das Fehlen von Werkzeugen zur digitalen Datenanalyse durch Bereitstellung seiner eigenen Werkzeuge ausgleichen.

Da die Interne Revision ganzjährig im Unternehmen tätig ist, hat Sie die Möglichkeit Überwachungswerkzeuge für die fortlaufende Überwachung von Geschäftsprozessen optimal zu nutzen. Hieraus ergeben sich auch für den Abschlussprüfer wichtige Erkenntnismöglichkeiten.

Gemeinsam definierte Datenpools, die den Anforderungen von Interner und externer Revision genügen, optimieren den Ressourcenverbrauch in der Datenverarbeitung des Kunden und erhöhen häufig auch die Reaktionsfähigkeit des Abschlussprüfers bei unerwartet aufgetretenen Fragestellungen.

Soweit eine Interne Revision im Mittelstand gar nicht erst vorhanden ist, kann die Bereitstellung der Prüferwerkzeuge im zulässigen Rahmen den Mandanten in die Lage versetzen bestimmte Fragestellungen effizient und ohne eigene Fachkompetenz beim Werkzeugeinsatz zu beantworten.

6   Probleme der Zusammenarbeit zwischen Abschlussprüfer und Revisor

Bei der Zusammenarbeit zwischen Abschlussprüfer und dem mittelständischen Kunden spricht der Prüfer solange es um das Thema der Qualitätssicherung geht gerne vom besonders engen und vertrauensvollen Verhältnis zu seinem Mandanten, regelmäßig dem Inhaber-Geschäftsführer. Leider trifft dieses Bild nicht auf alle mittelständischen Kunden und bei den verbleibenden Kunden nicht die ganze Zeit zu. Mancher Mittelständler sieht die Prüfung als gebührenpflichtige Belästigung. Diese Einstellung kann gelegentlich auch nicht durch noch so innovative Prüfungsansätze und Kommunikationsstrategien verändert werden.

In diesen Fällen ist die Informationspolitik nicht immer kooperativ und auch eine Interne Revision wird dann in den Dienst der Informationsabschottung gegenüber dem WP gestellt.

Aber auch aus der Revision heraus gibt es gelegentlich Vorbehalte gegenüber den Prüfern, da diese die eigene Arbeit kontrollieren. Die Prüfer sind hierzu nach PS 321 auch verpflichtet. Diese Vorbehalte können aber zumeist durch eine geeignete Kommunikationsstrategie im Laufe der Jahre abgebaut werden.

Gelegentlich kommt es auch zu Missverständnissen darüber wie vertrauenswürdig der Abschlussprüfer ist und ob die streng vertraulichen Unterlagen wirklich zur Einsicht vorgelegt werden müssen. Dieses Problem lässt sich durch Verweis auf die Rechtslage natürlich lösen, fördert die Kooperationsbereitschaft im Übrigen aber nicht. Insofern sind auch hier geeignete Kommunikationsstrategien gefragt.

Ausblick

Dieser Beitrag zeigt, wie eine Zusammenarbeit von Interner und externer Revision im Mittelstand aussehen kann, welche Besonderheiten dabei auftreten und unter welchen Randbedingungen sie ablaufen.

Klar sein dürfte, dass die Zusammenarbeit unter dem Aspekt zunehmender Belastung der internen wie externen Prüfungen mit der Beschaffung und Auswertung großer Datenmengen eine sinnvolle und wirtschaftliche Angelegenheit ist. Bei richtiger Planung und Durchführung kann sie auch die Wirksamkeit beider Kontrollen erhöhen.

Darüber hinaus ergänzen sich Interne und externe Revision durch einen unterschiedlichen Zeitraumbezug und einen unterschiedlichen Sanktionsapparat. Die vom Gesetzgeber national (siehe KonTraG und Deutscher Corporate Governance Codex) wie international (siehe Sarbanes Oxley Act) gemachten Vorgaben stärken die Bedeutung der Internen Revision in den Unternehmen und wiederum deren Bedeutung für die Abschlussprüfung.

Die Berufsstände der Internen und externen Revisoren national wie international befördern diesen Prozess durch entsprechende Stellungnahmen (DIIR – Deutsches Institut für Interne Revision e. V. mit dem Revisionsstandard 1, das Institut der Wirtschaftsprüfer mit dem PS 321).

Auch die aktuelle Entwicklung auf den Weltfinanzmärkten und den Weltmärkten allgemein wird nicht zu einer verminderten Kontrolldichte beitragen.

Aufgabe unserer Berufsstände wird es deshalb sein, dort wo es möglich und sinnvoll erscheint die Ressourcen zu bündeln um den zeitlichen, personellen und monetären Aufwand in vertretbarem Rahmen zu halten.